#Fernweh

Die ultimative Bucket List für Weltenbummler

#Fernweh

Die ultimative Bucket List für Weltenbummler

Melanie Schillinger
Julia Lassner

BRUCKMANN

Inhaltsverzeichnis

Europa

DEUTSCHLAND	Im Strandkorb die Sonne genießen	10
	Karibikfeeling an der Ostsee	12
SCHWEDEN	An einem besonderen Ort übernachten	14
	Ein Sommer in Schwedens Schärengarten	16
NORWEGEN	Mit dem Schiff durch den Geirangerfjord	18
FINNLAND	Den Winter in Lappland erleben	20
	Das Nordlicht mit eigenen Augen sehen	22
ISLAND	Auf Elfensuche in Island	24
IRLAND	Irlands wilden Westen erkunden	26
ÖSTERREICH	Den Zauber der Berge erleben	28
	Schneeschuhwandern im Märchenwald	30
UNGARN	Sonnenaufgang an der Fischerbastei	32
SCHWEIZ	Die Alpen im Panoramazug überqueren	34
	Die Einfachheit in den Bergen genießen	36
FRANKREICH	Das Glück im langsamen Reisen finden	38
SPANIEN	Sich von Andalusiens Charme verzaubern lassen	40
MALLORCA	Roadtrip durch die Serra de Tramuntana	42
MITTELMEER	Auf dem weltgrößten Kreuzfahrtschiff	44
SAN MARINO	Die älteste Republik der Welt besuchen	46
ITALIEN	Im Holzboot über den Pragser Wildsee rudern	48
	Den Herbstzauber der Toskana genießen	50
MONTENEGRO	Seerosenmeer im Skadar-See	52
	Im Durmitor-Nationalpark wandern	54
GRIECHENLAND	Griechenlands Inselwelt entdecken	56
	In die Blaue Grotte schwimmen	58
	Durch den Vulkankrater segeln	60
TÜRKEI	Dem Ruf des Muezzins lauschen	62
	Die Lykische Küste entlangfahren	64

Afrika

MAROKKO	Den Zauber des Orients erleben	68
	Durch die Dünen der Sahara wandern	70
ÄGYPTEN	Per Schiff durch die ägyptische Wüste	72
ÄTHIOPIEN	Zurück zu den Ursprüngen reisen	74
KENIA	Auf Safari gehen	76
SEYCHELLEN	Fahrrad fahren auf La Digue	78
MAURITIUS	Einen Kochkurs absolvieren	80
BOTSWANA	Nach Hippos Ausschau halten	82
NAMIBIA	Im Heißluftballon über die Wüste	84
SÜDAFRIKA	Die Magie der Goldenen Stunde	86
	Unter dem Sternenhimmel schlafen	88
	Im Luxuszug durch Südafrika zuckeln	90

Asien

ISRAEL	Im Toten Meer baden	94
JORDANIEN	Die Schätze von Petra entdecken	96
	Den Zauber der Wüste erleben	98
OMAN	Über den Souk von Mutrah schlendern	100
	Durch arabische Fjorde kreuzen	102
VAE, DUBAI	Vom höchsten Gebäude der Welt schauen	104
	Den Duft des Orients in der Nase	106
VAE, ABU DHABI	Scheich-Zayed-Moschee	108
INDIEN	Die Festung von Jaisalmer durchstreifen	110
	Mit dem Hausboot durch die Backwaters	112
SRI LANKA	Panoramafahrt durch Teeplantagen	114
	Auf Tuchfühlung mit dem Buddhismus	116

MALEDIVEN	Überm Wasser wohnen	118
	Eine unbewohnte Insel erforschen	120
THAILAND	Das Inselglück in Thailand finden	122
	Auf Tempeltour in Bangkok	124
KAMBODSCHA	Die Tempelanlagen von Angkor bestaunen	126
VIETNAM	Auf Streetfoodtour in Hoi An	128
	Eine Nacht auf dem Mekong verbringen	130
MALAYSIA	In der coolsten Rooftop-Bar der Welt	132
	Langkawis Sky Bridge	134
SINGAPUR	Chili Crabs am Singapore River	136
	Stille im Großstadtdschungel finden	138
	Im berühmtesten Infinity-Pool der Welt planschen	140
BALI	Spirituell wohnen auf Bali	142
	Eine Ayurveda-Kur machen	144
	Dem Sonnenaufgang entgegenwandern	146
INDONESIEN	Eine ursprüngliche Insel entdecken	148

Nordamerika

USA	New York zu allen Jahreszeiten	152
	Freiheit fühlen auf dem Highway 1	154
	Die berühmtesten Canyons der Welt besuchen	156
	Wo Engel landen	158
	Durch die Rocky Mountains cruisen	160
HAWAII	Im Helikopter über Hawaii	162
KANADA	Über die 1000 Islands fliegen	164
	Wilde Bären im Visier	166

Mittel- und Südamerika

MEXIKO	Ein versteinerter Wasserfall	170
	Tacos in der Strandbar verzehren	172
BELIZE	Das Great Blue Hole aus der Luft bestaunen	174
	Sonnenuntergang am Maya-Tempel	176

COSTA RICA	Die Magie des Vulkans	178
	La pura vida leben	180
BRITISH VIRGIN ISLANDS	Von Insel zu Insel segeln	182
	Fangfrischen Lobster kosten	184
KUBA	Das Tal der Stille	186
	Dem Charme vergangener Zeiten erliegen	188
KOLUMBIEN	Durch Cartagena treiben lassen	190
BRASILIEN	Açaí am Ipanema Beach schlemmen	192
	Abstecher zu den Iguazu-Wasserfällen	194
CHILE	Das südlichste Städtchen der Welt	196
	Krachende Gletscher und glühende Berge	198

Australien und Ozeanien

FRANZÖSISCH-POLYNESIEN	Mit Haien schwimmen	202
AUSTRALIEN	Im Wasserflugzeug über Whitsunday Islands	204
	Sternschnuppen zählen im Outback	206
	Über die Great Ocean Road rollen	208
NEUSEELAND	Schafe hüten in Neuseeland	210
	Neuseelands schönste Tagestour bewältigen	212
	Sich frei wie ein Vogel fühlen	214
ANTARKTIS	Im Zeichen von Feuer und Eis	216
	Bei den Pinguinen	218

Text- und Bildnachweis 222
Danksagung / Die Autorinnen 223
Impressum 224

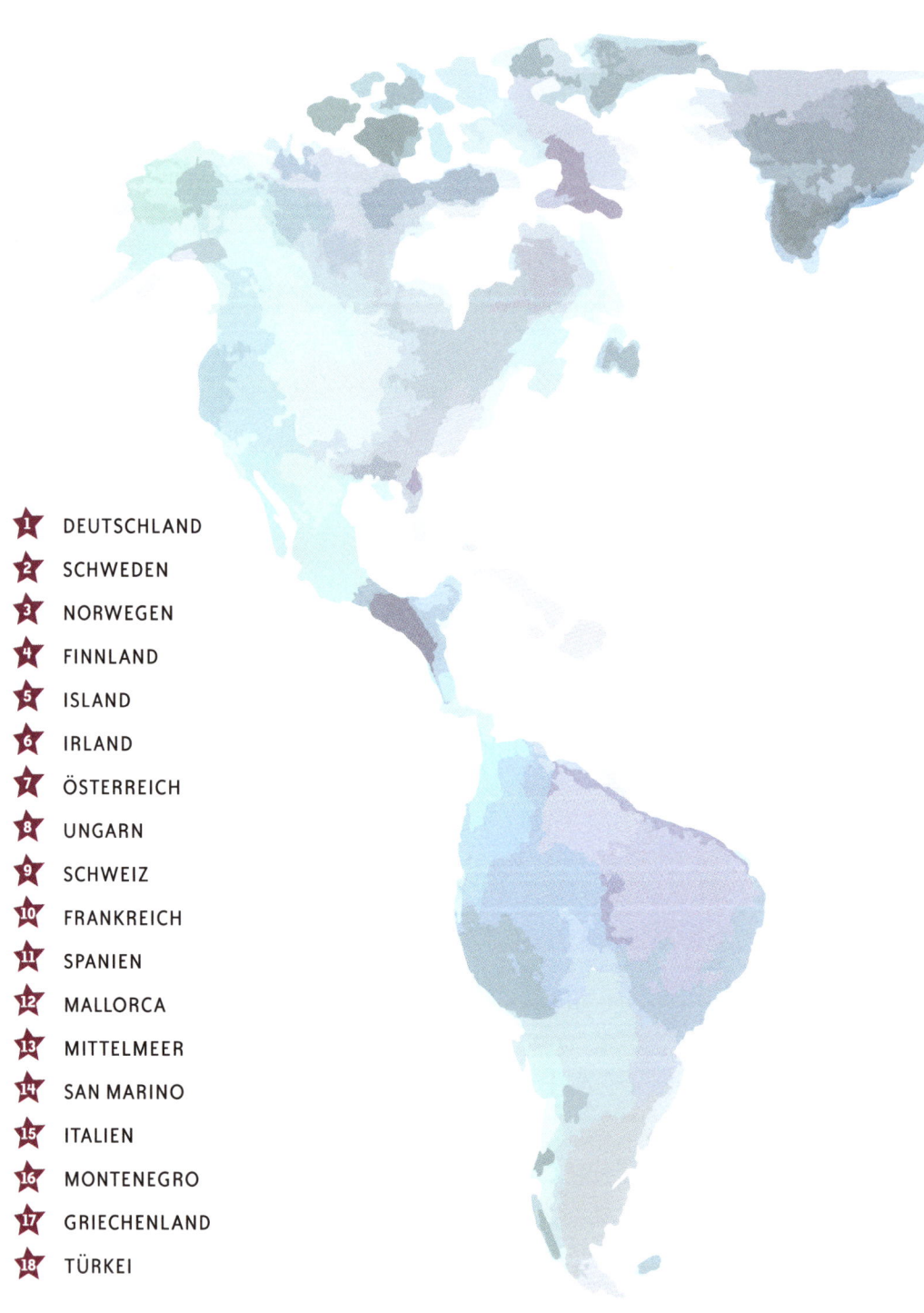

1 DEUTSCHLAND
2 SCHWEDEN
3 NORWEGEN
4 FINNLAND
5 ISLAND
6 IRLAND
7 ÖSTERREICH
8 UNGARN
9 SCHWEIZ
10 FRANKREICH
11 SPANIEN
12 MALLORCA
13 MITTELMEER
14 SAN MARINO
15 ITALIEN
16 MONTENEGRO
17 GRIECHENLAND
18 TÜRKEI

Europa

DEUTSCHLAND

Im Strandkorb die Sonne genießen

SUCH DIR EIN BESONDERS SCHÖNES
EXEMPLAR AUF JUIST AUS!

Der eisige Nordseewind pfeift dir gehörig um die Ohren. Fröstelnd ziehst du den Kragen deiner Jacke ein bisschen höher und versuchst, dir jedes noch so winzige Detail dieses Anblicks einzuprägen. Der schneeweiße breite Hauptstrand der Insel, auf dem sich unzählige bunte Strandkörbe verteilen, und die silbrig schimmernden Holzplanken der Zugangswege, über denen der feine Sand im Wind zu tanzen scheint: Schon jetzt weißt du, dass dieser Ort, Kälte und Wind hin oder her, einer deiner liebsten Plätze auf Juist sein wird! Vollkommen zufrieden mit der Welt streckst du dich wenig später in einem der Strandkörbe aus, einem besonders schönen knallroten Exemplar, und genießt die warmen Strahlen der frühen Nachmittagssonne. Töwerland wird Juist auch liebevoll genannt, das bedeutet Zauberland. Und genau diesen Zauber kannst du gerade von Kopf bis Fuß spüren: Du kannst dir definitiv keinen besseren und typischeren Ort zum Relaxen, Lesen oder Dösen in der Sonne vorstellen als genau diesen hier. Nordseefeeling pur!

Später hast du Lust auf ein bisschen Bewegung. Ausgedehnte Strandspaziergänge zählen für dich zu den schönsten und entspannendsten Möglichkeiten, dir die Zeit auf der Insel zu vertreiben. Kilometerweit kann man hier laufen, am besten barfuß, was sich absolut perfekt anfühlt.

Dein stetiger Begleiter auf der Insel ist der Wind. Doch jetzt gerade im Moment fröstelst du nicht, im Gegenteil: Wunderbar bläst er dir den Kopf frei und lässt deine Gedanken herrlich zur Ruhe kommen!

NACHERLEBEN
Du kannst entweder mit der Fähre übersetzen oder ein Kleinflugzeug nehmen. Während sich die Fähren nach den Gezeiten richten müssen, brauchen die kleinen Maschinen nur wenige Minuten. *www.juist.de*

Frische Waffeln mit hausgemachter Creme (oben links). Die bunten Strandkörbe am Juister Hauptstrand (oben rechts). Dünenlandschaft und Nordseefeeling pur (unten).

DEUTSCHLAND

Karibikfeeling an der Ostsee

DEN SONNENAUFGANG
AM NORDSTRAND VON PREROW GENIESSEN

Noch bevor der erste Lichtstrahl den Himmel erhellt, schlüpfst du in die Gummistiefel. Schlaftrunken stapfst du die Sanddüne hinauf, bis du am menschenleeren Nordstrand stehst. Ein eisiger Wind pfeift dir um die Ohren, sodass du die Kapuze enger zurren musst, um nicht zu frieren. Du nimmst ein paar tiefe Atemzüge. Die Luft schmeckt salzig. Wie schön, wenn der Geist zur Abwechslung mal nicht von einem halben Liter starkem Kaffee erwacht. So sollte jeder Morgen beginnen!

An der 395 Meter langen Seebrücke zeigt sich bereits ein schmaler lilafarbener Lichtstreifen am Horizont. Mit beiden Händen hältst du dich am hölzernen Geländer der Brücke fest. Dein Blick schweift über die Wellen der Ostsee und bleibt dort hängen, wo Himmel und Meer miteinander verschmelzen. Dann steigt ein roter Feuerball aus dem Wasser empor. Vogelschwärme gleiten durch das Sonnenlicht, und das Meer glitzert, als wäre es mit feinstem Goldstaub übersät.

Obwohl es immer noch recht kühl ist, spazierst du barfuß über den fünf Kilometer langen Strand zurück zum Camper. Unter den Fußsohlen spürst du die harten und kühlen Sandkörner. Wenn du es nicht besser wüsstest, würdest du glatt behaupten, in der Karibik gelandet zu sein, so weiß ist der Strand, so leuchtend klar das Meer, das die Knöchel sanft umspült.

NACHERLEBEN
Den traumhaften Nordstrand von Prerow findest du auf der Halbinsel Fischland-Darß-Zingst an der Ostseeküste. Er gilt als einer der schönsten Strände Deutschlands.
www.ostseebad-prerow.de

Der feinsandige weiße Nordstrand von Prerow ist bis zu 100 Meter breit (oben).
Bei klarer Sicht lässt sich von der langen Seebrücke aus sogar die Ostseeinsel Hiddensee erblicken (unten).

SCHWEDEN

An einem *besonderen Ort* übernachten

EINMAL IM LEBEN IN DEN BAUMWIPFELN SCHLAFEN

Der Weg vom Flughafen in Luleå zu den Baumhäusern ist ziemlich weit. Schier endlos erscheinen die Straßen hier. Auf beiden Seiten erstrecken sich dichte, tiefgrüne Wälder und dunkelblaue Seen. Ab und zu passierst du kleine Dörfer, viel häufiger jedoch nur einzeln stehende Höfe und Häuser, die meisten in dem für Schweden typischen Dunkelrot gestrichen. Der Norden des Landes ist einsam. Lappland. Du liebst diese Landschaft schon jetzt!

Aber jetzt verfolgst du nur ein Ziel: die Baumhäuser! Voller Neugier machst du dich gleich nach der Ankunft in Harads auf den Weg zu den *Treehouses*. Es geht stetig bergauf durch ein zauberhaftes Waldstück. Wegweiser zu Aussichtspunkten lassen jetzt schon Vorfreude auf die nächsten Tage in Schweden aufkommen.

Und plötzlich siehst du sie vor dir: außergewöhnlich und teils futuristisch gestaltet, jedes einzigartig auf seine ganz eigene Weise. Sie schweben hoch über dir in den Wipfeln der Bäume, am liebsten würdest du in jedem einzelnen von ihnen übernachten!

Es ist mittlerweile später Abend. Du schläfst heute im *Bird's Nest*. Sogar eines der vielen vorwitzigen Eichhörnchen war schon kurz an deinem Fenster, um gute Nacht zu wünschen, total schön! Kurz vor dem Einschlummern spürst du noch, wie das Nest durch den leichten Wind draußen sanft zwischen den Stämmen der umstehenden Bäume hin und her schwingt. Mit einem zufriedenen Lächeln auf den Lippen lässt du dich von diesem natürlichen Rhythmus ins Land der Träume wiegen: Das hier ist mit Sicherheit einer der ungewöhnlichsten Orte, an denen du je eine Nacht verbracht hast!

NACHERLEBEN
Das Treehotel in Schwedens Norden hat mittlerweile sieben komplett verschieden gestaltete Baumhäuser. In den Wintermonaten kannst du dort mit etwas Glück sogar Polarlichter beobachten.
www.treehotel.se

Schlafen mit Aussicht (oben links). Schwedische Idylle (oben rechts). Das Baumhaus *Dragonfly* (unten links). Blaubeeren sammeln (unten rechts).

SCHWEDEN

Ein Sommer in Schwedens *Schärengarten*

IN ASTRID LINDGRENS ERZÄHLUNGEN EINTAUCHEN

Auf einer der vielen Schäreninseln, nicht weit von Stockholm entfernt, sitzt du unter einem knorrigen Baum, den Rücken an seinen dicken Stamm gelehnt. Wahrscheinlich ist er bereits Hunderte von Jahren alt und hat schon vielen spielenden Kindern Schatten gespendet. Womöglich wurden unter seinen tief hängenden Ästen schon fröhliche Mittsommerfeste gefeiert, mit Musik, Tanz, Blumenkränzen und Hochprozentigem, so wie man es aus den Kinderbucherzählungen von Astrid Lindgren kennt.

In Schwedens Schärengärten, einer aus über 30 000 Inseln, Schären und Felsen bestehenden Küstenlandschaft, scheint die Welt noch in Ordnung zu sein. Viele Städter schwärmen am Wochenende aus, um dem Alltag den Rücken zuzukehren und ihre Energiereserven in der Natur aufzutanken.

Bunte Schmetterlinge flattern umher, die Vögel zwitschern, und es duftet nach Sommer. Ein Grashalm kitzelt deine nackten Füße. Vor dir liegt eine wunderschöne Wiese, saftig grün und mit gelben und weißen Blumen übersät. Bienen fliegen summend von Blüte zu Blüte, um ihren Nektar zu schlürfen. Plötzlich öffnet sich das weiße Gartentor. Die Hausherrin der kleinen Unterkunft, die du für mehrere Tage bezogen hast, kommt auf dich zu. Auf einem kleinen Holztablett balanciert sie selbstgemachte Zitronenlimonade und *Kanelbullar*, die schwedischen Zimtschnecken. Du klappst dein Buch zu. So muss sich Astrid Lindgren gefühlt haben, als sie »Ferien auf Saltkrokan« geschrieben hat.

NACHERLEBEN
In der Schärenlandschaft vor der schwedischen Küste laden Tausende von großen und kleinen Inseln zum Entdecken ein. Von Stockholm aus erreichst du einige per Boot oder Kajak.
www.visitsweden.de/schwedens-scharengarten

Die Zimtschnecken *Kanelbullar* schmecken selbstgebacken am besten (oben links). In der Natur lassen sich die Energiereserven aufladen (oben rechts). Landidyll in Schweden (unten).

NORWEGEN

Mit dem *Schiff* durch den Geirangerfjord

NORWEGENS EINZIGARTIGE NATURSCHÖNHEITEN BEWUNDERN

Es ist fünf Uhr am Morgen. Warm eingepackt stehst auf dem Außendeck des Schiffs. Es ist bitterkalt, und du fragst dich, warum in aller Welt du dich mitten in der Nacht aus dem kuscheligen Bett gepellt hast. Nur wenige Sekunden später hat sich die Frage bereits erübrigt, denn das, was dir hier geboten wird, lohnt das frühe Aufstehen. Wie in Zeitlupe lichtet sich der Nebel und aus der grauen Dunstsuppe ragen majestätische Felswände empor, einige schroff und kahl, andere mit üppigem Grün bewachsen. Manche ihrer Spitzen sind von kleinen Schneefeldern bedeckt. Beinahe geräuschlos gleitet das Schiff in den Geirangerfjord hinein. Er gilt als der König aller Fjorde in Norwegen, und das zu Recht. Schon bald blinzeln die ersten Sonnenstrahlen hinter den Bergmassiven hervor. Sie tauchen den Fjord in ein warmes, weiches Licht und verleihen ihm eine fast mystische Aura.

Auf beiden Seiten des Schiffes stürzen sich rauschende Wasserfälle in die Tiefe mit Namen wie »Der Freier« sowie die berühmten »Sieben Schwestern«. Einer uralten norwegischen Sage nach, wollte der Freier jede der sieben Schwestern zur Frau nehmen. Sie wiesen ihn jedoch zurück, woraufhin der Freier dem Alkohol verfiel.

Mit zunehmendem Sonnenlicht leuchtet das Fjordwasser in zauberhaften Grün-, Blau- und Türkistönen, in denen sich die Berge spiegeln. Zum Aufwärmen gibt es heiße Schokolade an Deck. Fröstelnd umschließen deine Finger die warme Tasse, ohne dass du den Blick von der ungezähmten Natur wendest.

NACHERLEBEN
Der 15 Kilometer lange Geirangerfjord erstreckt sich von Hellesylt bis Geiranger und zählt zu den meistbesuchten Sehenswürdigkeiten Norwegens. Fast jede Reederei hat eine Kreuzfahrt durch den Fjord im Programm.
www.visitnorway.de

An den Ufern stürzen sich rauschende Wasserfälle in die Tiefe (oben). Die mystische Fjordlandschaft des Geirangerfjordes im Morgengrauen (unten).

FINNLAND

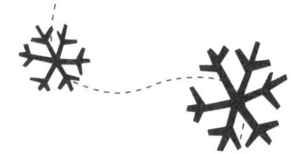

Den Winter in Lappland erleben

KLIRREND KALTE POLARNÄCHTE, EISFISCHEN UND TOUREN MIT DEM HUNDEGESPANN

Sanft gleiten die Kufen des Schlittens über den glitzernden Pulverschnee. Die Sonne strahlt von einem herrlich blauen Himmel und lässt die wie frisch gezuckert erscheinenden Wälder, Wiesen und Felder leuchten. Es ist vollkommen still ringsum. Nichts ist zu hören, außer dem Hecheln der Huskys.

Während du dein Gespann um die nächste Kurve lenkst, erfüllt dich tiefe Zufriedenheit: Eine Tour mit dem Hundeschlitten führt schon seit ewigen Zeiten deine Bucket List an und ist außerdem die beste Art, die zauberhaften Winterlandschaften Lapplands zu erkunden.

NACHERLEBEN
Flüge nach Lappland starten von vielen deutschen Flughäfen aus. Sie legen fast immer einen Zwischenstopp ein, zum Beispiel in Helsinki. Im hohen Norden Finnlands gibt es viele Huskyfarmen, die ein- oder mehrtägige Touren mit dem Hundeschlitten anbieten. www.onlyinlapland.com

Am nächsten Tag steht Eisangeln auf dem Programm, vollkommenes Neuland für dich! Da die Temperaturen in den langen Winternächten nicht selten auf minus 25 Grad fallen, dauert es über eine Stunde, bis du mit dem Handbohrer ein einigermaßen passables Loch in die dicke Eisdecke des Sees gebohrt hast. Deine Füße werden langsam kühl, die Stille ist atemberaubend. Wie lange es wohl dauert, bis der erste Fisch anbeißt?

Hast du eigentlich schon einmal eine Schneeschuhwanderung unternommen? Die weiten Schneedecken Lapplands sind dafür wie geschaffen! Man kann kilometerlang laufen, ohne eine Menschenseele zu treffen. Mit etwas Glück aber begegnest du vielleicht einer Herde von Rentieren oder siehst in der Ferne einen mächtigen Elch.

Der Zauber dieser einsamen Landschaften hoch im Norden Finnlands ist mit Worten nur schwer zu beschreiben. Welch ein Glück, dass du sie mit deinen eigenen Augen sehen und mit allen Sinnen spüren kannst!

Winterzauber in Lappland (oben links). Vorfreude (oben rechts). Mit dem Hundegespann durch den Schnee (unten links). Lappland von oben (unten rechts).

FINNLAND

Das *Nordlicht* mit eigenen Augen sehen

ERLEBE DIE MAGIE DER KLAREN POLARNÄCHTE!

Schon immer wolltest du Polarlichter sehen. Es ist drei Uhr morgens in Rauhala, doch du bist hellwach. Seit du durch das Fenster die ersten zarten Schleier der Lichter entdeckt hast, ist an Schlaf nicht mehr zu denken. Du trittst vor die Tür und betrachtest die tanzenden Formationen am Nachthimmel. In den verschiedensten Grüntönen bilden sie immer neue Formen.
Die kalten Füße, den eisigen Wind – nichts davon spürst du. Nur das Kribbeln, das sich in deinem Bauch breitmacht. Was für ein Glück! Diese Nacht wird dir für immer in Erinnerung bleiben.

NACHERLEBEN
Die beste Zeit, um *Aurora Borealis* zu beobachten, ist September bis März, und der Himmel muss wolkenlos sein. In Finnisch-Lappland kann man mit etwas Glück in etwa sechs bis sieben von zehn Nächten mit Nordlichtern rechnen.

Das Nordlicht taucht den Nachthimmel über Lappland in zauberhafte Farben.

ISLAND

Auf Elfensuche in Island

ENDLOSE WEITEN, EINSAMKEIT UND STILLE

Leuchtend grünes Gras, endlos weite Hügellandschaften, schneebedeckte Berggipfel, zahllose Wasserfälle und weit und breit keine Menschenseele … Alle paar Kilometer begegnen dir eine handvoll Schafe, hier und da steht ein Hof oder ein einzelnes Haus mitten im Nirgendwo. Ansonsten nichts außer atemberaubender Natur, Einsamkeit und Stille.

Du befindest dich auf einer kurvenreichen Landstraße in Islands Westfjorden, so nennt sich die Region im äußersten Nordwesten, die so dünn besiedelt ist, dass sie als eines der letzten unberührten Paradiese unserer Erde gilt.

Wie einem Fantasyroman entsprungen, schmiegen sich zerklüftete Meeresarme in die Landschaft. Sie reichen tief ins Land hinein und bilden mit ihrem kristallklaren, dunkelblauen Wasser einen perfekten Kontrast zum satten Grün der Wiesen und moosbewachsenen Hügel.

Du bist gekommen, um Elfen zu suchen. In Island soll es sie tatsächlich geben. Immerhin glaubt mehr als die Hälfte der isländischen Bevölkerung an die zarten Fabelwesen.

An einem Aussichtspunkt parkst du dein Auto. Du bist völlig allein inmitten der rauen Natur. Es ist so leise, dass du glaubst, deinen eigenen Herzschlag zu hören. Oder sind es etwa die Flügelchen einer Elfe, die sachte in der Luft schlagen? Du schließt die Augen und stellst sie dir vor …

NACHERLEBEN
Um Islands Westfjorde zu erkunden, benötigst du einen Mietwagen. Stell dich darauf ein, dass die Region extrem rau und touristisch noch relativ unerschlossen ist, *www.visiticeland.com*

Einsame Landstraßen führen zu den Westfjorden (oben links). Raue Berge mit schneebedeckten Gipfeln. Die Natur spielt inselweit die Hauptrolle (oben rechts). Die Farben des Sommers (unten).

IRLAND

Irlands *wilden Westen* erkunden

WANDERUNG IM CONNEMARA-NATIONALPARK

Am Besucherzentrum in Letterfrack schnürst du deine Wanderschuhe. Die Sonne lacht vom Himmel und einer Wanderung zum Diamond Hill steht nichts mehr im Weg. Doch schon nach wenigen Höhenmetern schlägt das Wetter um. Dunkle Regenwolken ziehen auf und bleiben an den umliegenden Berggipfeln kleben. Der Wind bläst so heftig, dass du beinahe wegfliegst. Dicke Regentropfen prasseln herab. Launisch und wechselhaft zeigt sich das Wetter in Irland. Deine Stimmung lässt du dir trotzdem nicht vermiesen. Hochmotiviert wanderst du den steilen Berg hinauf. Du schwitzt und frierst, ziehst die Jacke aus und wieder an. Völlig unerwartet reißt die Wolkendecke auf und ein babyblauer Himmel kommt zum Vorschein. Innerhalb von Sekunden eröffnet sich ein grandioses Lichtspiel am Horizont, und der Blick auf eine malerische Landschaft wird frei.

Ziemlich aus der Puste erreichst du nach einer guten Stunde den Gipfel. Zwischen großen Felsbrocken suchst du dir ein windgeschütztes Plätzchen und legst eine Picknickpause ein. Der Ausblick ist absolut atemberaubend! Halbinseln mit zerklüfteten Küsten, Stränden und winzigen Fischerhäfen ragen in den Atlantik hinein. Im Hinterland erstrecken sich weite Wiesen und Moorgebiete sowie die bis zu 700 Meter hohen Gipfel der Twelve Bens. Zwischen den grünen Hügeln und Feldern liegen grau-blaue Seen, die im Sonnenlicht funkeln. Die gesamte Umgebung mit all ihren Details wirkt wie ein Gemälde, in dem du dich stundenlang verlieren könntest.

Vom Gipfel des Diamond Hills blickst du über die zerklüftete Küstenlandschaft des County Galway und den wolkenverhangenen Atlantik.

NACHERLEBEN

Am Besucherzentrum in Letterfrack, dem Eingang zum Connemara-Nationalpark, starten mehrere Wanderwege mit unterschiedlichen Längen und Schwierigkeitsgraden. Der Diamond Hill Loop Walk ist sieben Kilometer lang und führt bis auf den Gipfel des 445 Meter hohen Diamond Hills.
www.connemaranationalpark.ie

ÖSTERREICH

Den Zauber der Berge erleben

MAGISCHE SONNENAUFGÄNGE UND URIGE HÜTTEN IM SALZKAMMERGUT

Um drei Uhr in der Früh klingelt heute der Wecker. Es wird noch Stunden dauern, bevor der Morgen dämmert, du bekommst kaum die Augen auf. Immer noch hundemüde schälst du dich aus dem gemütlichen Bett, denn es hilft ja alles nichts: Wenn du pünktlich zum Sonnenaufgang auf dem Löckermoos ankommen möchtest, musst du jetzt aus den Federn kriechen! Schon eine Stunde später stapfst du dem faszinierenden Deckenhochmoor in der Dachstein-Region entgegen. Der Weg führt auf silbrig schimmernden Holzplanken durch dichte Wälder mit knorrigen Bäumen, und es kommt dir vor, als würdest du quer durch das ganze Moor wandern. Ein vollkommen perfekter Vollmond beleuchtet jeden einzelnen deiner Schritte.

Dein Ziel ist der kleine Löckersee mitten im Hochmoor, in dessen glatter Oberfläche sich beim Aufgehen der Sonne der gegenüberliegende Gosaukamm in den schönsten Gelb- und Orangetönen spiegelt. Ehrfürchtig beobachtest du über eine Stunde lang dieses perfekte Schauspiel, erlebst den Anbruch des neuen Tages ganz bewusst. Was für ein magisches Erlebnis!

So früh aufzustehen, macht natürlich mächtig hungrig. Und weckt die Lust auf eine dampfende Tasse Kaffee, denn es war ganz schön kalt da oben am See. Was gibt's Gemütlicheres als ein zünftiges Frühstück mit frischen Semmeln, Schinken und Käse auf einer urigen Almhütte? Besonders lecker und deftig, manchmal sogar begleitet von Kuhglockenläuten, fällt die Pause auf der Badstubn-Hütte aus, die ganz in der Nähe der alten Schleifsteinbrüche liegt.

NACHERLEBEN
Das Naturschutzgebiet Löckermoos im Salzkammergut bietet Urlaubsmöglichkeiten aller Art: vom Klettern übers gemütliche Wandern bis zu Wellness und Entspannung in modernen Resorts.
www.gosautal.net

Urige Almhütte (oben links). Hungrige Kuh auf der Alm (oben rechts). Vollmond am Löckersee (unten links). Sonnenaufgang über dem Moor (unten rechts).

ÖSTERREICH

Schneeschuhwandern im Märchenwald

WINTERZAUBER IN DEN TIROLER BERGEN

Goldfarbenes Sonnenlicht scheint durch die Baumkronen. Dort, wo es auf den Boden fällt, funkeln Millionen von Eiskristallen, als habe jemand winzige Diamanten im Wald verstreut. Blinzelnd lachst du der Sonne entgegen und spürst, wie ihre Strahlen dein Gesicht wärmen. Es ist still im Märchenwald. Lediglich das Knirschen der Schneeschuhe ist zu hören.

Die Wanderstöcke fest umklammert, stapfst du durch die Winterlandschaft. Während du dich anfangs noch darauf konzentrierst, nicht über die eigenen Füße zu stolpern, wirst du mit jedem Schritt sicherer und schenkst der Umgebung mehr und mehr Aufmerksamkeit. Du nimmst die riesigen Nadelbäume wahr, deren schneebedeckte Äste beeindruckende Schattenspiele zaubern. Feinster Pulverschnee bedeckt die gesamte Landschaft.

Am höchsten Punkt der Wanderung angelangt, schnallst du die Schneeschuhe ab und läufst zum Aussichtsturm am Grünberg hinauf. Endlich geschafft! Die Anstrengung der letzten Stunden wird mit einem atemberaubenden Ausblick auf die Tiroler Alpenwelt belohnt. Du lässt den Blick über die schneebedeckten Spitzen der Ötztaler Alpen, des Karwendels und der Mieminger Kette schweifen. Sie ragen einem wolkenlosen Himmel entgegen.

Bevor es zurück ins Tal geht, kehrst du in eine urige Holzhütte ein. Wohlige Wärme empfängt dich. Während die müden Muskeln langsam entspannen und du auf deine wohlverdiente Mahlzeit wartest, sorgt der traditionelle Zirbenschnaps für eine angenehme Wärme von innen.

NACHERLEBEN
Der 1497 Meter hohe Grünberg am Mieminger Plateau eignet sich hervorragend für Schneeschuhwanderungen. Geführte Touren werden vom Tourismusverband, von Hotels und privaten Guides angeboten.
www.miemingerplateau.com

Mit Schneeschuhen kommt man im Gelände leicht voran (oben links). Das Mieminger Plateau schließt Wanderern das Herz auf (oben rechts). Vom Aussichtsturm am Grünberg bietet sich ein herrlicher Blick (unten).

UNGARN

Sonnenaufgang an der *Fischerbastei*

BUDAPEST
IN DER MORGENDÄMMERUNG

Mitten in der Nacht steigst du aus dem Bett, um den öffentlichen Bus zum Burgberg hinauf zu nehmen. Noch ist keine Menschenseele an der Fischerbastei, die sich hoch oben über der Stadt erhebt und an eine romantische Ritterburg erinnert. Sie entstand zwischen 1899 und 1905 auf der Budaer Seite der Stadt und verdankt ihren Namen der Fischerzunft. Du suchst einen der geschwungenen Fensterbögen als Logenplatz aus, der den perfekten Panoramablick über die Donau auf das mächtige Parlamentsgebäude bietet. Es ist das Wahrzeichen von Budapest und zählt zu den imposantesten Bauwerken Europas.

Noch ist es dunkel, ungemütlich und kalt. Um dich aufzuwärmen, reibst du die Hände aneinander, läufst auf und ab und wartest auf die ersten Sonnenstrahlen. Es dauert zum Glück nicht lange, bis das Licht am Horizont aufsteigt und den Himmel erhellt. Die aufgehende Sonne taucht Budapest in satte Goldtöne. Sie lässt das sonst so braune Wasser der Donau glitzern und wärmt die Haut. Das Parlamentsgebäude leuchtet rosa in der Morgendämmerung.

Sobald der magische Moment vorbei ist, streifst du durch die Straßen der Innenstadt, über weite Plätze, vorbei an prunkvollen Palästen und einladenden Cafés. Über eine schmale Wendeltreppe gelangst du in die Kuppel der St.-Stephans-Basilika, von der sich eine weitere tolle Perspektive auf die Stadt bietet. Auch die Fischerbastei, an der du deinen Tag begonnen hast, ist von hier aus gut zu sehen.

NACHERLEBEN
Die Fischerbastei befindet sich auf dem Burgberg und bietet einen hervorragenden Ausblick über die gesamte Stadt. Busse bringen dich für kleines Geld nach oben. Alternativ kannst du natürlich auch zu Fuß gehen.

Budapest erwacht zum Leben: Den besten Spot zum Sonnenaufgang findest du an der Fischerbastei (oben). Prunkvolle Paläste, Kirchen und Prachtbauten bestimmen das Bild der Budapester Innenstadt (unten).

SCHWEIZ

Die Alpen im *Panoramazug* überqueren

VON DEN GLETSCHERN
DER SCHWEIZ ZU DEN PALMEN ITALIENS

Dicke Nebelschwaden umhüllen den Zug. Die Sicht ist gleich Null. Einen kurzen Augenblick später reißt die Wolkendecke auf. Grelle Sonnenstrahlen durchbrechen das Grau. Das Wetter ändert sich im Minutentakt, während du im Bernina Express sitzt und das Naturschauspiel durch die Panoramascheibe betrachtest.

Auf der Reise, die von der Schweizer Stadt Chur bis ins italienische Tirano führt, passiert der quietschrote Zug idyllische Bergdörfer mit prächtigen Engadiner Häusern, spektakuläre Wasserfälle, Gletscher und türkisfarbene Bergseen. Durch tiefe Schluchten und Täler hindurch schraubt er sich den Berninapass bis zur Station Ospizio Bernina auf 2253 Meter über dem Meeresspiegel hinauf.

Eines der vielen Highlights auf der Strecke ist das berühmte Landwasserviadukt bei Filisur, das von der UNESCO zum Weltkulturerbe erklärt wurde und als Wahrzeichen der Rhätischen Bahn gilt. Nicht nur aus dem fahrenden Zug heraus, sondern auch vom Aussichtsplateau Süd ist der Blick auf die 65 Meter hohe Eisenbahnbrücke absolut einmalig.

Kurz bevor der Bernina Express die Grenze zu Italien überquert, verzieht sich der Nebel wie von Zauberhand, und die Sonne schickt ihre wärmenden Strahlen vom Himmel. Mit einem erfrischenden Zitroneneis in der Hand schlenderst du später durch die verwinkelten Gassen Tiranos, um ein wenig mediterranes Lebensgefühl zu genießen, bevor es zurück in die Schweiz geht.

NACHERLEBEN
Der Bernina Express startet mehrmals täglich in Chur und fährt innerhalb von 4,5 Stunden bis ins italienische Tirano und wieder zurück. Ratsam ist es, auf der Strecke mehrere Zwischenstopps einzulegen, um sich einen Eindruck vom Kanton Graubünden zu verschaffen.
www.graubuenden.ch/de,
www.rhb.ch/de

Das Highlight der Reise: Der rote Bernina Express überquert das Landwasserviadukt bei Filisur, bevor er im Tunnel verschwindet.

SCHWEIZ

Die *Einfachheit* in den Bergen genießen

EINE WANDERUNG ZURÜCK ZUR NATUR

Unaufhörlich prasselt der Regen herab. Unter dir liegt das Tal Valposchiavo in einer nebelverhangenen Suppe. Über einen matschigen Pfad marschierst du den Berg hinauf. In der Ferne zeichnen sich die Umrisse des Kirchleins San Romerio ab, das auf einer Felsklippe über dem Tal thront. Völlig durchnässt erreichst du die Alpe, die zum größten Teil autark betrieben wird. Auf den Fensterbänken reift hausgemachter Grappa in Glasflaschen, eine Kreidetafel preist selbstgebackenen Apfel-Rhabarber-Kuchen an. Bevor du in die muckelige Hütte schlüpfst und dich an heißer Schokolade wärmst, streifst du die durchgeweichte Kleidung ab.

Am Nachmittag reißt der Himmel auf, und eine spektakuläre Berglandschaft kommt zum Vorschein. Doch ehe du die Wanderschuhe geschnürt hast, hat sich die Wolkendecke wieder zugezogen. Auch die kleine Kirche, die majestätisch am Abgrund steht, wird von Nebel umhüllt und zeigt sich nur selten. Beim nächsten Regenstopp läufst du über den Köhlerweg zu einem Aussichtspunkt oberhalb der Alpe. Deine Lungen füllen sich mit kühler Bergluft, dein Herz schlägt schneller. Wie bestellt zeigt sich ein blauer Himmel, wenn auch nur in kleinen Fetzen. Dein Blick schweift über die Alpen, deren schneebedeckte Spitzen nun die Sonnenstrahlen kitzeln. Auch das Tal, die Alpe San Romerio sowie das kleine Kirchlein sind wunderbar zu erkennen. Das Naturschauspiel dauert nur wenige Minuten, bevor die nächste Nebelschwade sich vor die Szenerie schiebt und das gesamte Tal in ein weißes Kleid hüllt. Wer braucht da noch einen Fernseher?

NACHERLEBEN
Die Alpe San Romerio ist eine urige Berghütte in Graubünden, die weitgehend auf umweltbelastende Energieformen verzichtet. Von Mai bis Oktober kannst du bei einer Wanderung einkehren oder gleich für mehrere Tage in der Alpe übernachten.
www.sanromerio.ch

Alpe (oben links) und Berge (oben rechts) mit Nebelschleiern. Die kleine Kirche San Romerio balanciert am Abgrund (unten).

FRANKREICH

Das *Glück* im langsamen Reisen finden

ENTSPANNTE FLUSSKREUZFAHRT
DURCH SÜDFRANKREICH

In eine Wolldecke gekuschelt, liegst du auf einem Liegestuhl an Deck. Während das Schiff mit einer maximalen Geschwindigkeit von 24 Stundenkilometern über die Rhône schippert, ziehen malerische Landschaften an dir vorbei: imposante Steilhänge, Burgen, mittelalterliche Dörfer und die berühmten Weinlagen der Côtes du Rhône. Auf Abenteuer und Action wird auf dieser Flussreise verzichtet, vielmehr geht es darum, ganz bewusst zu entschleunigen. Wie gut, dass die Uhren im Süden Frankreichs ohnehin ein wenig langsamer zu ticken scheinen. Wenn das Flussschiff anlegt, bieten sich an Land viele Möglichkeiten: Ob du sportlich aktiv wirst, die Sehenswürdigkeiten anschaust oder in einer schnuckeligen Boulangerie sitzt, *Café au lait* schlürfst und das Leben genießt, bleibt dir überlassen. Du entscheidest dich für einen Ausflug ins bildschöne Dörfchen Pérouges, das hoch oben auf einem Hügel thront und von einer Festungsmauer umgeben ist. Du flanierst über holprige Pflastersteine, die noch aus dem Mittelalter stammen. Enge Gassen und uralte Steinhäuser, deren Fassaden mit Efeu bewachsen sind, sorgen für eine Bilderbuchkulisse.

Mit neuen Eindrücken kehrst du zurück aufs Schiff. Sauna, Massage, ein Kuchen-Snack oder einfach mit einem Buch an Deck entspannen? Du hast die Wahl, denn während du dich an Bord um rein gar nichts kümmern musst, nimmt das Schiff ganz gemächlich Kurs auf das nächste Ziel in Südfrankreich.

NACHERLEBEN
Die siebentägige Flusskreuzfahrt auf der Rhône kannst du bei A-ROSA Cruises buchen. Die Tour startet und endet in Lyon. Sehenswerte Stopps unterwegs sind Avignon, Arles, Aix-en-Provence, Vivier sowie das Dörfchen Pérouges.
www.a-rosa.de/flusskreuzfahrten

Efeubewachsene Steinhäuser im verschlafenen Dörfchen Pérouges (oben). Während du an Deck des Flusskreuzfahrtschiffs sitzt, zieht die idyllische Landschaft Südfrankreichs vorbei (unten).

SPANIEN

Sich von Andalusiens *Charme* verzaubern lassen

DIE FASZINATION DER SPANISCH-MAURISCHEN KULTUR

Im Süden Spaniens gibt es eine Region, deren Namen zum Träumen einlädt: Andalusien. Das klingt nach Märchen und dem Zauber aus Tausendundeiner Nacht. Und das, obwohl Andalusien nicht im Orient, sondern in Europa liegt!

Über Jahrhunderte war Granada eine muslimisch geprägte Stadt mit über 30 Moscheen. Die Einflüsse spürst du auch heute noch, wenn du durch das zauberhafte Viertel Albaicín schlenderst. Es ist das älteste Viertel der Stadt mit engen, verwinkelten Gassen aus glattem Kopfsteinpflaster, mit kleinen Läden, die Portemonnaies aus weichem Leder, bunt gefärbte Tücher, Armreifen und Ohrringe, orientalische Lampen und verzierte Spiegel verkaufen. Marokkanische, syrische, türkische und libanesische Restaurants reihen sich aneinander und bieten köstlichen Hummus, Falafel, Fladenbrot und andere Leckereien an. Eingehüllt vom süßen Duft der Wasserpfeifen sitzt du in einer Teebude zwischen knallbunten Kissen. Du trinkst arabischen Tee, der in verschnörkelten Silberkannen serviert wird, und naschst zuckersüßes Baklava.

Wenig später blickst du vom Mirador San Nicolás auf die sagenumwobene Alhambra, die sich wie ein Märchenschloss vor den Berggipfeln der Sierra Nevada abzeichnet. Beeindruckt von all der Schönheit spazierst du durch die Räume und Innenhöfe des Nasridenpalastes, bewunderst die detailreichen Dekorationen, die Springbrunnen, den weißen Marmor und die bunte Azulejos an den Wänden. Spätestens beim Gang durch die romantischen Gärten des Generalife wird dir bewusst, welcher Zauber über diesem Ort liegt.

NACHERLEBEN
Andalusien ist eine autonome Region im Süden von Spanien, die sich am besten per Mietwagen erkunden lässt. Granada ist eines der vielen Highlights, wo die spanische und die maurische Kultur miteinander verschmelzen.
www.granadatur.com
www.spain.info

Der Löwenhof der Alhambra (oben links). Die Gärten des Generalife (oben rechts). Die legendäre Alhambra (unten links). Granadas Gassen (unten rechts).

MALLORCA

Roadtrip durch die Serra de Tramuntana

SPEKTAKULÄRE
SERPENTINENSTRASSEN AUF MALLORCA

In waghalsigen Kurven windet sich die Panoramastraße durch das bizarre Gebirgspanorama der Serra de Tramuntana im Nordwesten von Mallorca. Zwischen duftenden Pinien und dem leuchtenden Grün der Aleppokiefern blitzt das tiefblaue Meer hervor, das in der Ferne mit dem Horizont verschmilzt. Immer wieder stoppst du den Wagen, um den phänomenalen Ausblick auf die Bergwelt in aller Ruhe zu genießen.
Es ist einer der letzten warmen Tage im Oktober. Die Urlaubssaison neigt sich dem Ende zu, und nur noch wenige Touristen tummeln sich auf der sonst vielbefahrenen Straße nach Sa Calobra. Du bist nach Mallorca gekommen, um den Sommer noch ein bisschen zu verlängern und die letzten Sonnenstrahlen für den bevorstehenden Winter zu speichern. Gestartet bist du im historischen Künstlerstädtchen Pollença. Schroffe Abhänge und imposante Felsformationen ziehen am Autofenster vorbei. Aber nicht nur die Ausblicke während der Fahrt, sondern auch die Straße selbst erweist sich als ein echtes Abenteuer. Am bekanntesten ist die spektakuläre 270-Grad-Kurve, in der die Ausfahrt wie bei einem Krawattenknoten unter der oberen Einfahrt hindurchführt.
Einen schönen Zwischenstopp markiert das Bergdorf Fornalutx, das inmitten von Orangen- und Olivenbaumhainen liegt.
Die engen, von Kübelpflanzen begrünten Gassen, die steilen Treppen, historischen Mauern und ockerfarbenen Bruchsteinhäuser mit ihren zauberhaften Innenhöfen wirken romantisch. Ob in dieser Traumkulisse tatsächlich jemand lebt?

NACHERLEBEN
Die Panoramastraße MA-10 startet in Pollença und führt über die Gebirgskette der Serra de Tramuntana bis nach Andratx. Über 110 Kilometer erstreckt sich die komplette Strecke. Auch bei Radfahrern ist die Tour sehr beliebt.
www.infomallorca.net

Das Dorf Fornalutx (oben links). In engen Kurven windet sich die Straße durch die Serra de Tramuntana (oben rechts). Das Meer funkelt in der Ferne (unten).

MITTELMEER

Auf dem weltgrößten *Kreuzfahrtschiff*

EINE MINI-RUNDE
IM MITTELMEER DREHEN

Es verschlägt dir die Sprache, als du den Hafen von Malaga erreichst und zum ersten Mal vor dem größten Kreuzfahrtschiff der Welt stehst, das erst vor wenigen Tagen die Werft in Frankreich verlassen hat. Der riesige Pott ist 362 Meter lang, 66 Meter breit und bietet Platz für bis zu 8000 Menschen. Eine Stadt auf dem Meer!

Ein paar Stunden später ertönt das mächtige Schiffshorn. Die Leinen werden gelöst und die »Symphony of the Seas« ist bereit zum Ablegen. Gespannt beobachtest du das Spektakel vom Außendeck. Ein warmes Lüftchen weht. Die Sonne steht bereits tief. In der Ferne dreht sich das Riesenrad von Malaga.

NACHERLEBEN
Die »Symphony of the Seas«, das derzeit größte Kreuzfahrtschiff der Welt, fährt seit März 2018 über die Weltmeere. Wer Spiel, Spaß und Action sucht, findet an Bord jede Menge Abwechslung.
www.royalcaribbean.com

Du nippst an einem Glas Sekt und winkst den Menschen an Land zu, die gekommen sind, um das Ablegemanöver des größten Kreuzfahrtschiffes der Welt mit eigenen Augen zu verfolgen.

Während das Schiff in den nächsten zwei Tagen an Spaniens Mittelmeerküste entlang bis nach Barcelona fährt, wartet ein überwältigendes Entertainment-Angebot auf dich: riesige Wasserrutschen, Whirlpools, Lasertag, eine Eislaufbahn, ein Casino, ein Surf-Simulator, eine Zipline sowie jede Menge Geschäfte, Bars und Restaurants. Langeweile kommt hier garantiert nicht auf!

Ruhe findest du auf den einladenden Liegeinseln auf dem Suitendeck oder auf dem Balkon deiner Außenkabine. Hier machst du es dir auf einem Liegestuhl in der Sonne bequem, beobachtest die schäumenden Wellen und lauschst dem Rauschen des Meeres.

Während die »Symphony of the Seas« durchs tiefblaue Mittelmeer kreuzt, bleibt ausreichend Zeit, um das Bordleben zu genießen. Einen der besten Plätze findest du auf dem Sonnendeck.

SAN MARINO

Die *älteste Republik* der Welt besuchen

UNTERWEGS AUF HEXENPFADEN UND MAJESTÄTISCHEN BURGMAUERN

Absolut malerisch sieht er aus, der Cesta-Turm von San Marino! Die bereits tief stehende Abendsonne taucht die gesamte Burg der winzigen Republik in goldenes Licht. Du stehst auf der mächtigen Steinmauer der Anlage, unschlüssig, welcher Ausblick dir gerade mehr den Atem raubt: der auf die wehrhaften und majestätischen Türme, die auf den steilen Felshängen über dem Abgrund thronen, oder die Aussicht über die sanften grünen Hügel und kleinen Dörfer zu deinen Füßen, die bis zur Adria reichen … Drei Festungen krönen den zum UNESCO-Welterbe gehörenden Felskamm Monte Titano: Guaita, Cesta und Montale, auch die drei Türme genannt. Gerade in den späten Nachmittagsstunden, wenn es nicht mehr ganz so heiß ist, kannst du in San Marino gar nichts Angenehmeres unternehmen, als immer entlang der Festungsmauer zu spazieren. Ein Stück des Weges ist der sogenannte Hexenpfad: Als Hexen verurteilte Frauen wurden in früheren Zeiten in San Marino nämlich nicht verbrannt, sondern an einer besonders malerischen Stelle über einen Felsvorsprung in den Abgrund gestoßen.

Die historische Piazza della Libertà ist ein weiterer schöner Ort, um einen der meist traumhaften Sonnenuntergänge San Marinos zu betrachten. Außerdem steht auf diesem Platz der prunkvolle Palazzo Publico, wo du jeden Tag den Wachwechsel der diensthabenden Soldaten in ihren farbenfrohen Uniformen miterleben kannst. Oder wie wäre es damit, einfach nur in einem der netten kleinen Cafés zu sitzen und ein Eis oder einen Espresso zu genießen?

NACHERLEBEN
San Marino, die älteste bestehende Republik der Welt, gehört zu den kleinsten Staaten der Erde. Rund um San Marino erstreckt sich Italien, doch der Zwergstaat steht in puncto landschaftlicher Schönheit seinem Nachbarn in nichts nach.
http://whc.unesco.org/en/list/1245

Traumhafte Ausblicke entlang der Festungsmauer von San Marino (oben). Abendstimmung am Palazzo Publico, dem Regierungspalast (unten).

ITALIEN

Im *Holzboot* über den Pragser Wildsee rudern

SÜDTIROLS SCHÖNSTER BERGSEE LOCKT

Fühlst du diese wunderbare Stille, die dich umgibt? Lediglich das Plätschern des Wassers beim Eintauchen der Ruder ist zu hören. Vor dir ragen die hellgrauen Gipfel der Dolomiten in den Himmel. Das Lichtspiel der Sonne spiegelt sich in der glatten Wasseroberfläche. Die einzigartige Schönheit dieser Kulisse hat sich herumgesprochen, dementsprechend trubelig geht es an den Ufern des Pragser Wildsees zu. Auf dem Wasser hingegen ist es idyllisch, beinahe einsam. Du ziehst deine Schuhe aus und tauchst die Füße in das glasklare Wasser. Seiner karibischen Farbe zum Trotz ist der See eiskalt! Selbst im Sommer wagen sich nur Hartgesottene hinein.

NACHERLEBEN
Am besten reist du per Auto über die mautpflichtige Brennerautobahn A22 bis ins Pustertal und dann weiter Richtung Prags. Der Bootsverleih am See hat in den Sommermonaten täglich ab 11 Uhr geöffnet. Bootsmiete: 18 Euro pro Stunde.
www.drei-zinnen.info

Postkartenidylle am Pragser Wildsee: einfach ein Boot mieten und losrudern.

ITALIEN

Den *Herbstzauber* der Toskana genießen

EIN ROADTRIP
DURCH DAS CHIANTI

Sanfte Kuppen, goldgelbe Weinreben, Olivenhaine und die für die Toskana so typischen Zypressenalleen ziehen gemächlich vorbei, während du mit deinem Lieblingsmenschen an der Seite im Auto sitzt und durch das Chianti fährst.

Die Herbstsonne steht bereits tief. Sie taucht die bunten Felder in ein bezauberndes Licht und lässt die Blätter leuchten. Inmitten der Weinhänge entdeckst du ein alleinstehendes Steinhaus mit terrakottafarbenem Ziegeldach. Hier wird der berühmte Chianti, einer der besten Rotweine der Welt, hergestellt. Mit einem Gläschen in Hand macht ihr es euch auf dem Weingut gemütlich, den Blick auf die Sonne gerichtet, die hinter der weiten Hügellandschaft versinkt. Am nächsten Morgen erreicht ihr das Städtchen Siena, das majestätisch auf einem Hügel thront. Auf der Piazza del Campo wird schnell klar, warum Siena oft als schönste Stadt Italiens bezeichnet wird. Mit ihrem Rathaus aus rotem Backstein, dem dazugehörigen Torre del Mangia sowie dem gotischen Dom, der Cattedrale di Santa Maria Assunta, wirkt sie wie eine Perle des Mittelalters.

Über einsame, schmale Landstraßen, auf denen es nur langsam vorwärtsgeht, fahrt ihr weiter nach San Gimignano, dessen honigfarbene Skyline mit den mächtigen Geschlechtertürmen bereits aus der Ferne zu sehen ist. Ihr schlendert durch die engen Gassen der historischen Altstadt, lasst euch von der Architektur aus dem 12. Jahrhundert verzaubern und kostet hier und da von einheimischen Spezialitäten, die an jeder Ecke angeboten werden.

NACHERLEBEN
Die beste Art, die Toskana zu entdecken, ist eine Rundreise mit dem Auto. Einfach nach Pisa oder Florenz fliegen, Mietwagen abholen und Stopps in Siena, San Gimignano, Lucca und Pistoia einlegen. *www.italia.it/de/italien-entdecken/toskana.html*

Beim Roadtrip durch die Toskana warten mittelalterliche Städte wie Lucca darauf, entdeckt zu werden (oben). Die Herbstsonne taucht die Landschaft der Toskana in warmes Licht (unten).

MONTENEGRO

Seerosenmeer
im Skadar-See

EINE BOOTSTOUR IN DEN SONNENUNTERGANG UNTERNEHMEN

Die Sonne steht bereits tief. Wie ein riesiger Ballon spiegelt sie sich in der Wasseroberfläche des Skadar-Sees. Eine leichte Sommerbrise weht durch dein Haar. Während du in die Ferne schaust, gleitet das Holzboot langsam über den See. Am Horizont zeichnen sich die Berge Albaniens ab. Bis zur Landesgrenze sind es von hier nur noch wenige Kilometer.

Um dich herum breitet sich ein Meer aus grünen Seerosenblättern aus. Die umliegenden Berge und das goldgelbe Abendlicht lassen die Zeit für einen Moment stillstehen.

NACHERLEBEN
Virpazar ist der Hauptort am Ufer des Skadar-Sees, dem größten See des Balkans. Hier findest du zahlreiche Bootsanbieter wie zum Beispiel Boat Milicia, die Ausflüge in kleinen Gruppen anbieten.
www.visit-montenegro.com

Das Holzboot gleitet in den Sonnenuntergang hinein.

MONTENEGRO

Im Durmitor-*Nationalpark* wandern

NATURERLEBNISSE
IN MONTENEGROS UNENTDECKTEM HINTERLAND

Das Läuten der Kuhglocken weckt dich sanft. Du springst aus dem Holzbett und schiebst den rot-weiß karierten Vorhang zur Seite. Die Sonne lacht dir entgegen. Vor deinem Fenster grasen Kühe. Zum Frühstück gibt es heißen Pfefferminztee, Eier, weiches Brot und den landestypischen Käse aus geschichtetem Rahm.

Frisch gestärkt schnürst du die Wanderschuhe. Dein heutiges Ziel ist der Cresna Viewpoint am Rand der Tara-Schlucht. Um dorthin zu gelangen, wanderst du über weichen Waldboden. Es ist ein heißer Sommertag im Durmitor-Nationalpark. Überall entdeckst du pinke und weiße Blumen, auf denen wunderschöne Schmetterlinge sitzen. Vogelgezwitscher und das laute Zirpen der Grillen begleiten dich.

Am Aussichtspunkt angekommen, eröffnet sich ein grandioser Blick in den Tara-Canyon, die tiefste Schlucht Europas. Spektakulär ragen grüne Berge in den Himmel. Tief unten fließt die Tara, der längste Fluss Montenegros und der Quellfluss der Drina.

Von Glücksgefühlen beflügelt, fährst du am späten Nachmittag im Schneckentempo über den Sedlo-Pass zurück zu deiner Blockhütte. Die einsame Landstraße schlängelt sich durch eine malerische Hügellandschaft und lässt weit blicken. Immer wieder kreuzen Schafe und Ziegen den Weg. Unbeeindruckt bleiben sie mitten auf der Fahrbahn stehen. Kurz bevor die Sonne hinter den Bergen verschwindet, taucht sie die Wiesen und Hügel in ein märchenhaftes, weiches Licht. Du hältst an, um den Sonnenuntergang zu bestaunen und den Tag in aller Ruhe ausklingen zu lassen.

NACHERLEBEN
Der Durmitor-Nationalpark liegt im Norden Montenegros und bietet zahlreiche Wanderwege durch die unberührte Natur. Für die Anreise empfiehlt sich das eigene Auto oder ein Mietwagen.
www.visit-montenegro.com

Frühstück in der Blockhütte (oben links). Vom Cresna Viewpoint überblickst du die Tara-Schlucht (oben rechts). Die Landschaft am Sedlo-Pass (unten).

GRIECHENLAND

Griechenlands *Inselwelt* entdecken

NAXOS, RHODOS, MYKONOS ODER HYDRA...
WELCHE INSEL IST DIE SCHÖNSTE?

naxos, die größte Insel der Kykladen, hält neben reichlich Kultur auch noch einige wunderschöne Sandstrände für ein erfrischendes Bad im Meer bereit. Gleich neben der zauberhaften Altstadt mit ihrer beeindruckenden Festungsanlage liegt das Portal des Apollontempels. Von hier aus genießt du den Blick auf die weiß getünchten Häuser der Stadt und auf das türkisblau leuchtende Wasser. Kann man von solchen Ausblicken wohl jemals genug bekommen, fragst du dich.

Rhodos überrascht dich mit seinem charmanten Stadtkern. Die UNESCO hat ihn zum Weltkulturerbe ernannt. Um die sandsteinfarbene Altstadt zieht sich die vier Kilometer lange Stadtmauer mit ihren Türmen, Bastionen und Gräben. Stundenlang schlenderst du durch die verwinkelten Gassen, bummelst von einem Shop zum nächsten und lässt dir griechische Köstlichkeiten schmecken. Mmmh, dieser Tsatsiki!

Mykonos ... Ein wunderschönes Inselchen! Die Häuser in manchen Teilen der Altstadt sind nahezu komplett in fast blendendem Weiß gestrichen. Nur Fenster- und Türrahmen und die violett blühenden Bougainvilleen tupfen hier und da einen Kontrast ins idyllische Bild. Zu den Wahrzeichen der Insel gehören die malerisch auf einer Landzunge gelegenen Windmühlen.

Die Insel Hydra verzaubert auf ganzer Linie. Das gleichnamige Hafenstädtchen schmiegt sich an den Hang und die Berge, fast wie in einem Amphitheater. Weder richtige Straßen noch Autos gibt es auf Hydra. Nur Esel, Mulis und Katzen. Du sitzt bei einer riesigen Portion Eis in einem Hafencafé und genießt die Frühlingssonne auf deinem Gesicht.

NACHERLEBEN
Ob nur ein paar Tage oder zwei Wochen: Perfekt geeignet zum Erkunden der griechischen Inselwelt ist eine Kreuzfahrt. Jeden Tag wird der Anker vor einem anderen Eiland geworfen.
www.discovergreece.com

Hydras Hafen (oben links). Kirche auf Mykonos (oben rechts). Altstadtgasse (unten links). Abendstimmung (unten rechts).

GRIECHENLAND

In die *Blaue Grotte* schwimmen

PER KATAMARAN RUND UM PAXOS

Die gleißende Mittagssonne steht senkrecht am Himmel, während das Segelschiff an der Westküste von Paxos entlanggleitet. Steile Felswände und von der Natur geformte Höhlen bestimmen das Landschaftsbild der Insel. Das Meerwasser glitzert in sämtlichen Blau- und Türkis-Nuancen und wirkt beinahe karibisch. Vor der Blauen Grotte, einer paradiesischen Bucht, die zu Paxos gehört, stoppt die Crew den Katamaran. Sie werfen den Anker und bereiten euren Badestopp vor.

Von Glücksgefühlen überschwemmt, hüpfst du in das kristallklare Wasser. Welch eine Erfrischung! Neugierig schwimmst du in die große Grotte hinein. Es ist ein unfassbares Gefühl, zumal außer eurer Seglergruppe niemand hier ist. Ihr habt das Paradies ganz für euch allein! In der Grotte selbst herrscht eine fast mystische Atmosphäre. An der Felsdecke hängen Fledermäuse, das Plätschern des Wassers und eure Stimmen hallen als gedämpftes Echo wider.

Nach dem Schwimmen bereitet ihr in der Bordküche einen kleinen Mittagssnack zu. Griechische Leckereien wie frischer Feta, eine kräftige Auberginenpaste und ein Gläschen Ouzo dürfen dabei natürlich nicht fehlen. Kurz bevor die Sonne ins Ionische Meer eintaucht und den Himmel rosa, orange und gelb färbt, springst du noch einmal ins Meer. Nachts stehen alle an Deck des Katamarans und blicken in den Sternenhimmel, der hier draußen besonders schön funkelt – weder Lichtverschmutzung noch Lärm stören. Nur das leichte Rauschen der Wellen, die Dunkelheit und ihr.

NACHERLEBEN
Der perfekte Ausgangspunkt für einen Segeltörn im Ionischen Meer ist der Hafen von Korfu. Hier kannst du für mehrere Tage einen Katamaran (mit oder ohne Skipper) mieten und eine beliebige Route planen.

Perspektivwechsel: Blick aus dem Inneren der Grotte auf den Katamaran (oben) und über das kristallklare Wasser in die Blaue Grotte hinein (unten).

GRIECHENLAND

Durch den **Vulkankrater** segeln

LASS' DICH VON DER SCHÖNHEIT SANTORINIS BERAUSCHEN!

Im warmen Licht der Abendsonne scheint alles um dich herum wie mit feinem Goldpuder bestäubt. Die schroffen Klippen, die Oberfläche des sonst tiefblauen Meeres der griechischen Ägäis und auch die winzigen schneeweißen Dörfer, die sich an die Hänge des Kraterrands klammern. Schon lange wolltest du auf einer Jacht durch die stillen Gewässer des Vulkans von Santorini segeln, und gerade eben wird dieser Traum Wirklichkeit. Dieses Bewusstsein erfüllt dich mit tiefem Glück! Lange wird es nicht mehr dauern, bis die Sonne komplett hinter dem Horizont verschwunden ist. Eine Gruppe verspielter Delfine taucht plötzlich auf und begleitet das Boot. Auch an Land ist Santorinis traumhafte Schönheit offensichtlich. Malerische Pfade führen dich durch die charakteristischen verschachtelten Dörfchen entlang der weltberühmten Caldera und bescheren dir eine atemberaubende Aussicht nach der anderen. Die perfekte Unterbrechung von so einem gemütlichen Spaziergang? Eine Bank in der Sonne und eine Waffel mit Bananensplit-Eis! Die Ausblicke sind übrigens bei Tag wie auch bei Nacht unvergleichlich. Welcher dir wohl besser gefällt?

Auf Santorini gibt es Strände in drei verschiedenen Farben: lange, schwarze Lavastrände, den faszinierenden Red-Beach und gleich daneben einen Strand mit hellem Sand. Die etwa 45 Grad heißen Schwefelquellen in der Mitte des Kraters vor dem Inselchen Palea Kameni zeugen von der vulkanischen Aktivität – nichts wie rein und Nase zuhalten!

NACHERLEBEN
Die meist halbtägigen Touren mit einer Segeljacht finden entweder am Vormittag oder gegen Nachmittag zum Sonnenuntergang statt, wobei letztere zwar oft teurer, aber definitiv auch schöner sind!
www.santorini.gr

An Bord einer Segeljacht lässt sich die Schönheit Santorinis bestens entdecken (oben). Den Sonnenuntergang beobachtest du am schönsten von Oia aus (unten) – viele Besucher halten es für das schönste Dorf Griechenlands.

TÜRKEI

Dem *Ruf des Muezzins* lauschen

ENTDECKE
DIE GEHEIMNISSE ISTANBULS!

Aus allen vier Himmelsrichtungen scheinen die Stimmen zu kommen. Laut und eindringlich schallen sie über die Dächer der Stadt, über das Goldene Horn und durch die Gassen. Der Gebetsruf des Muezzins beschert dir auch jetzt wieder eine Gänsehaut. Egal, wie oft du ihn mittlerweile gehört hast, es ist ein irgendwie magischer Augenblick, eine ganz besondere Stimmung, die dann in der Luft liegt. Für einen Moment rückt alles andere in den Hintergrund, sogar der herb duftende *Çay* vor deiner Nase, der für Istanbul so typische Schwarztee, und die bunten und süßen *Lokum*-Teilchen mit ihrer köstlichen Kokos-Kruste sind für ein paar Minuten vergessen.

Istanbul fasziniert dich – all die prunkvollen Moscheen und Paläste. Besonders die majestätische Süleymaniye-Moschee hat es dir angetan. Bei einem Spaziergang durch die Straßen und Gassen der Stadt wollen noch unbekannte Leckereien probiert werden: die mit Sesam bestreuten knusprig gerösteten *Simit* mit Frischkäse, süßer *Sahlep*, ein heiß serviertes Milchgetränk, oder pikant gewürztes *Kokoreç* gegrilltes Lammfleisch mit Tomaten und Zwiebeln.

Deine neueste Entdeckung findest du ganz besonders raffiniert: türkischer *Kavé*. Du darfst ihn nicht umrühren, dann bleibt der Kaffeesatz einfach in der Tasse zurück. Ein Wahrsager liest dir daraus gerade deine Zukunft, während draußen vor der Tür des Cafés der magische Ruf des Muezzins durch die Gassen dringt.

NACHERLEBEN
Istanbul ist eine spannende Stadt, in der du unglaublich viel erleben kannst. Leider ist die Sicherheitslage nicht immer stabil. Informiere dich deswegen vor einer Reise dorthin gut über die aktuellen Bedingungen.
www.goturkeytourism.com

Stadt am Wasser (oben links). Bunte Lampen auf dem Großen Basar (oben rechts). Traumhafte Abendstimmung in Istanbul (unten).

TÜRKEI

Die *Lykische Küste* entlangfahren

UNTERWEGS VON ANTALYA NACH MARMARIS

Das Abenteuer beginnt in einer Bretterbude am Straßenrand. Mit Blick auf das Meer hockst du auf einem Plastikschemel und beobachtest, wie der Besitzer des kleinen Shops frischen Tee aufgießt und ihn mit reichlich Zucker serviert. In aller Frühe hast du den Mietwagen entgegengenommen und das Zentrum von Antalya hinter dir gelassen. Auf einer wenig befahrenen Landstraße geht es vorbei an verschlafenen Dörfern, weiten Olivenhainen und zerklüfteten Bergen. Die Strecke windet sich in zahlreichen Kurven an der Lykischen Küste entlang. Immer wieder verlocken versteckte Buchten mit türkisblauem Wasser und feinen Sandstränden zu Badestopps. Das Meer ist angenehm warm, die Buchten zum größten Teil menschenleer. Auch Kultur und Geschichte kommen auf dieser Reise nicht zu kurz, denn ab und an verlässt du den Hauptweg, biegst ins Hinterland ab und besuchst Ausgrabungsstätten wie die Felsengräber von Myra oder die antiken Ruinen im Olympos-Nationalpark. Nicht weit davon entfernt findest du eine tolle Übernachtungsmöglichkeit in einem Baumhaus mit Veranda. Abends sitzt du mit anderen Reisenden am Lagerfeuer, lauschst den Abenteuergeschichten und erzählst deine eigene. Am Morgen gibt es eingelegte Oliven, warmes Fladenbrot und selbstgemachte Marmelade. Im Olympos-Nationalpark leben Schildkröten, die ihre Eier im warmen Sand verbuddeln. Vielleicht kannst du sie dabei beobachten? Die touristische Stadt Marmaris, das Endziel des Roadtrips, kann schließlich noch ein paar Tage warten.

NACHERLEBEN
Obwohl die Strecke von Antalya bis Marmaris nur etwa 450 Kilometer misst, sollte genügend Zeit für Erkundungen bleiben. Besonders schön ist die Küstenstraße zwischen Kemer und Demre.
www.hometurkey.com

Die Felsengräber von Myra gehören zu den Highlights auf der Strecke zwischen Antalya und Marmaris (oben). Kurvenreiche Küstenstraßen (unten).

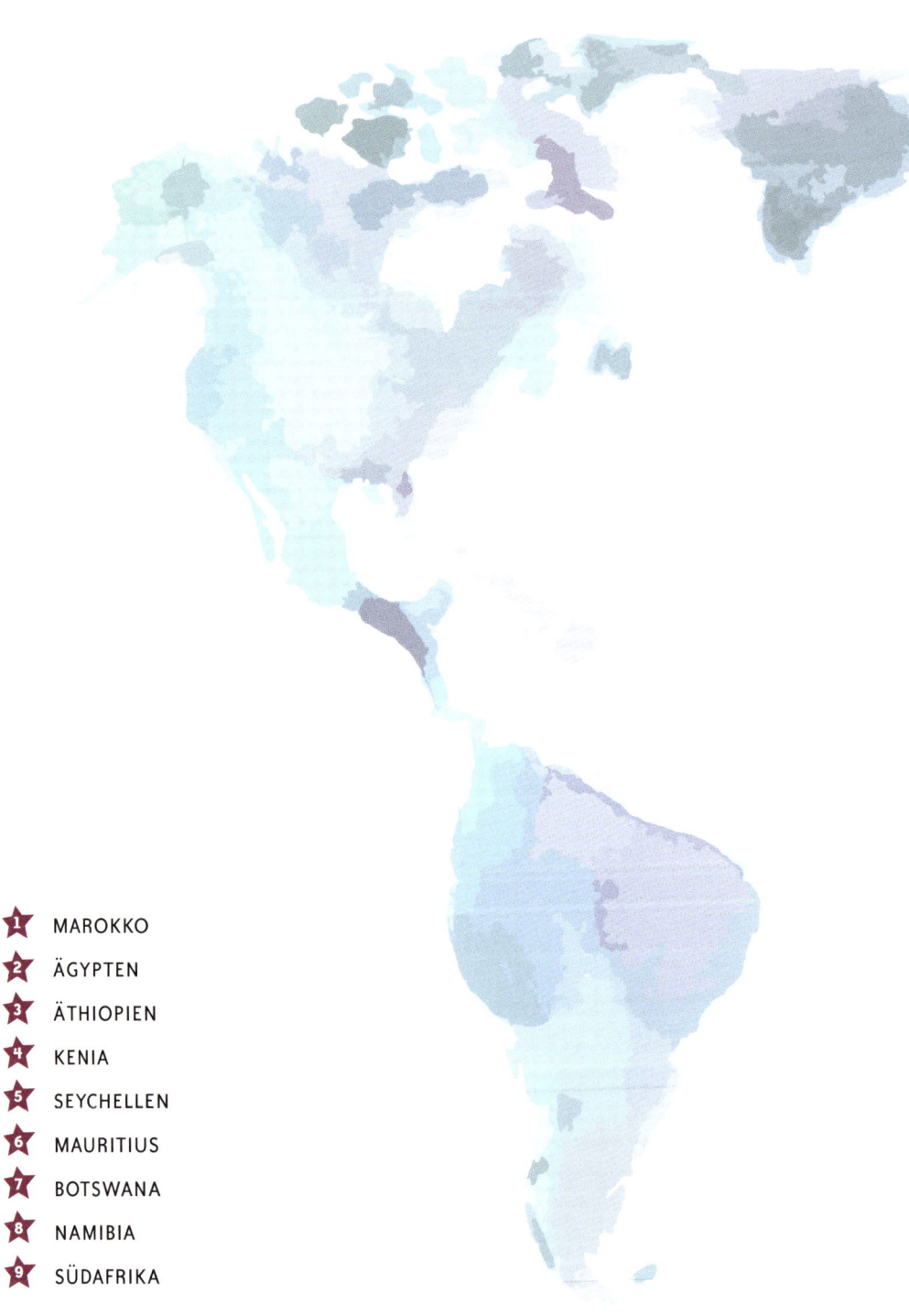

- ★ 1 MAROKKO
- ★ 2 ÄGYPTEN
- ★ 3 ÄTHIOPIEN
- ★ 4 KENIA
- ★ 5 SEYCHELLEN
- ★ 6 MAURITIUS
- ★ 7 BOTSWANA
- ★ 8 NAMIBIA
- ★ 9 SÜDAFRIKA

Afrika

MAROKKO

Den *Zauber* des Orients erleben

KREUZ UND QUER DURCHS MÄRCHENHAFTE MARRAKESCH

Marrakesch. Von der ersten Sekunde an erliegst du dem orientalischen Zauber dieser ganz besonderen Stadt. Stundenlang erkundest du die engen, dunklen Gässchen der Souks, feilschst wie ein Profi mit den Händlern um die besten Preise und probierst die exotischen Köstlichkeiten der marokkanischen Küche – einmal abgesehen von den gekochten Schnecken.

Voller Neugier spazierst du am Nachmittag über den Djemaa el Fna im Zentrum der Stadt. Manche der älteren Marokkaner nennen ihn auch den »Platz der Toten«, da er früher als Hinrichtungsstätte genutzt wurde. Heute ist seine Ausstrahlung Faszination pur: Schon von Weitem ertönen die Rufe der Frauen, die Henna-Muster auf die Haut malen; es gibt Schlangenbeschwörer mit ihren kunstvoll verzierten Flöten, Zauberer und Geschichtenerzähler. Wow, Szenen wie aus einem Märchenbuch!

Bei einem Glas frischem Minztee auf einer der Dachterrassen rund um den Platz klingt der Abend entspannt aus. Unter dir erreicht das bunte Treiben seinen Höhepunkt: Aus allen Himmelsrichtungen rollen Essens- und Grillstände heran. Zahlreiche Tische und Bänke werden aufgestellt, und schon nach kurzer Zeit ist die Luft erfüllt vom köstlichen Duft gebratener Fleischspieße, frittierter Meeresfrüchte und anderer orientalischer Leckereien.

Bei Sonnenuntergang erstrahlt die Koutoubia-Moschee im schönsten Licht und der Muezzin ruft zum Gebet. Ein wohliger Schauer läuft dir über den Rücken: Du kannst dir gerade absolut keinen besseren Ort vorstellen, um dem magischen Zauber des Orients so nahe zu kommen wie hier in Marrakesch.

NACHERLEBEN
Der historische Stadtkern von Marrakesch lässt sich perfekt zu Fuß erkunden. Am schönsten wohnst du in einem der traditionellen Riads mit Dachterrasse und atemberaubendem Blick über die Dächer der Stadt.
http://whc.unesco.org/en/list/331

Kurz nach Sonnenuntergang pulsiert das Leben auf dem faszinierenden Djemaa el Fna, dem großen und geheimnisvollen Markt von Marrakesch.

MAROKKO

Durch die *Dünen* der Sahara wandern

ÜBER DAS FARBENSPIEL DER WÜSTE STAUNEN UND UNTERM STERNENHIMMEL SCHLAFEN

Es ist noch früh am Morgen und die ersten Sonnenstrahlen des Tages finden gerade erst ihren Weg über den fernen Horizont. Noch fühlt sich die Luft angenehm kühl an auf der Haut, aber schon in wenigen Stunden wird sie dir mächtig einheizen. Langsam und schwankend stapft das Kamel immer tiefer in die wunderschöne Dünenlandschaft Erg Chebbi. Mit jedem einzelnen Schritt wächst deine Faszination für die Sahara, dieses riesige Meer aus nichts als Sand. Je nach Tageszeit und Sonnenstand scheint die Wüste ihr Farbkleid komplett zu wechseln. Mal schimmert der Sand in sanften Gelb- und Ockertönen, mal mutet er fast schon dunkelrot an. Am Abend, kurz vor Sonnenuntergang, wirken manche Dünen durch das Spiel der Schatten sogar schwarz! Jetzt bricht die schönste Zeit für einen kleinen Spaziergang in der Wüste an.

Nicht nur einmal überlegst du, wie du zu Hause von dieser faszinierenden Welt erzählen könntest, doch nichts wird ihrem Zauber gerecht. Die Schönheit einer Wüste ist mit bloßen Worten nur schwer zu beschreiben! Die Nacht verbringst du in einem traditionellen Berbercamp mitten in den Dünen. Lange noch sitzt du mit den Berbern bei leckerem Essen und fröhlicher Musik am Lagerfeuer und genießt die ganz besondere Atmosphäre. Es ist schon weit nach Mitternacht, als du schließlich erschöpft unter einem atemberaubend schönen Sternenhimmel am langsam herunterbrennenden Feuer einschläfst. Bei jeder einzelnen Sternschnuppe vorher hast du dir gewünscht, dass deine Zeit in der Sahara noch viel länger dauern möge.

NACHERLEBEN
Die Wüstenlandschaften Marokkos erreichst du zum Beispiel mit einem Mietwagen von Marrakesch aus. Die Dünen des Erg Chebbi sind etwas höher als die des Erg Chegaga bei M'hamid, liegen aber auch weiter von Marrakesch entfernt.
www.visitmorocco.com

Auf der Fahrt von Marrakesch in die Wüste liegen viele kleine Orte an der Strecke (oben). Nachmittägliche Schattenspiele in den malerischen Dünen der Sahara (unten).

ÄGYPTEN

Per Schiff durch die *ägyptische Wüste*

AUF DEM SUEZKANAL
VON EUROPA NACH ASIEN

Der Tag hat noch nicht begonnen. Es ist still um dich herum. Du stehst auf dem offenen Deck des Kreuzfahrtschiffes und blickst zum Horizont. Plötzlich taucht ein orange-roter Lichtstreifen auf, dann geht alles ganz schnell: Der Nebel verzieht sich und die Sonne steigt empor. Nur wenige Minuten später brennt sie erbarmungslos von einem stahlblauen Himmel herab.

Viel zu sehen gibt es während der Schiffsfahrt durch den Suezkanal nicht. Faszinierend ist in erster Linie die goldgelbe Sandlandschaft, die in aller Gemächlichkeit und Monotonie an dir vorbeizieht. Die Wüste scheint zum Greifen nahe zu sein und gibt im Kontrast zum tiefblauen Wasser des Kanals ein eindrucksvolles Bild ab.

Etwa elf bis 16 Stunden dauert die Durchquerung der 163 Kilometer langen Passage, die das Mittelmeer mit dem Roten Meer verbindet und die schnellste Schiffsroute auf dem Weg von Europa nach Asien darstellt. Noch vor wenigen Jahren war das Gebiet durch Piraten gefährdet. Somalische Seeräuber überfielen beladene Frachtschiffe und Öltanker, um Lösegelder zu erpressen.

Dank zahlreicher Sicherheitsvorkehrungen wird es heutzutage nicht mehr brenzlich. Vor allem für Kreuzfahrtschiffe, die vor und nach der Wintersaison den Suezkanal durchqueren, ist die Passage sicher. Ein gewisser Nervenkitzel bleibt jedoch bestehen, wenn du selbst den Kanal passierst. Zumal nach Sonnenuntergang sämtliche Lichter an Bord ausgeschaltet werden, um in der Dunkelheit nicht unnötig aufzufallen.

NACHERLEBEN
Eine solche Überfahrt von Europa nach Asien ist oft kostengünstig zu buchen, da währenddessen keine Landausflüge stattfinden und du mehrere Tage an Bord verbringst. Wissenswertes zum Kanal: *www.aegypten-information.de*

Das Schiff gleitet an der weiten Wüstenlandschaft vorbei (oben). Während der Fahrt durch den Suezkanal ändert sich die Umgebung kaum. Es ist die Monotonie, die fasziniert (unten).

ÄTHIOPIEN

Zurück zu den *Ursprüngen* reisen

SELTENE PAVIANE SEHEN UND URALTE KIRCHEN BESUCHEN

Gespannt beobachtest du die große Gruppe Dschelada-Paviane unter den knorrigen, moosbewachsenen Bäumen. Was für ungewöhnliche Tiere das doch sind mit ihrem leuchtend roten, haarlosen Fleck auf der Brust! Der Name Blutbrustpaviane sagt alles. Nur im Hochland Äthiopiens und vor allem hier in den Simien Mountains sind sie zu finden. Besonders die Männchen mit ihrer stattlichen Mähne beeindrucken dich zutiefst. Die Landschaft im Simien-Nationalpark fasziniert dich: Die tiefen Schluchten und schroffen Berghänge erinnern fast ein bisschen an den Grand Canyon. Nur der Bewuchs ist hier eindeutig zauberhafter. Grünes Moos, wunderschöne weiße Blüten und eben diese knorrigen, uralten Bäume, unter denen die Dscheladas so gern dösen.

Absolut anders, aber mindestens genauso spannend, sind die Felsenkirchen von Lalibela. Bet Medhane Alem, die größte der insgesamt elf Kirchen, zieht dich am meisten in ihren Bann. Du kannst gar nicht fassen, welch großes Glück du hast: Gerade wird die nächste Messe vorbereitet und die Gläubigen finden sich langsam in den steinernen Gemäuern ein.

Plötzlich steigt dir der angenehme Duft von Weihrauch in die Nase. Als du dann wenige Momente später den melodischen Gesang der Männer im Inneren der in den Felsen gehauenen Kirche hörst, bekommst du eine Gänsehaut. Genau so hast du dir die Reise nach Äthiopien, ins Land des Ursprungs, immer vorgestellt: unglaublich intensiv und voll magischer Momente.

NACHERLEBEN
Äthiopien wirkt sehr ursprünglich: Alte Traditionen werden hier noch gelebt. Die wunderschöne Natur lädt vielerorts zum Staunen ein. Allerdings erfordert die Reise in manche Landesteile ein paar Überlegungen bezüglich der Sicherheit.
http://whc.unesco.org/en/list/18

Betende Frau in einer der Kirchen von Lalibela (oben links). Die Steinkirche Bete Giyorgis (oben rechts). Eine Gruppe Dschelada-Paviane (unten links). Ein beeindruckendes Pavianmännchen (unten rechts).

KENIA

Auf *Safari* gehen
ELEFANTENHERDEN UND MALERISCHE LANDSCHAFTEN BEWUNDERN

Die Gräser der Savanne schimmern golden in der Abendsonne. Bei jedem Windhauch glitzert und funkelt es zwischen den Halmen. Der Blick in die unendlich scheinenden Weiten des Amboseli-Nationalparks raubt dir fast den Atem.
Die milde Luft streicht dir sanft um die Ohren. Über allem liegt eine tiefe Stille. Kein Geräusch ist zu hören, außer dem gelegentlichen Schnauben der Elefanten. Eine Herde mit mindestens 30 Tieren genießt, gar nicht weit entfernt, die friedlichen Abendstunden. Majestätisch ist das einzige Wort, das diesen Anblick angemessen beschreibt.

NACHERLEBEN
Kenia ist einfach perfekt, um auf Safari zu gehen. In zahlreichen Nationalparks kannst du nicht nur die Big Five, sondern auch viele andere Tiere Afrikas finden.
www.magicalkenya.com

Elefantenbaby (oben links). Boot am Diani Beach (oben rechts). Rote Erde im Tsavo-Nationalpark (unten).

SEYCHELLEN

Fahrrad fahren auf La Digue

TRAUMSTRÄNDE AM ENDE VON DSCHUNGELWEGEN ENTDECKEN

Mahé, Praslin und La Digue – die Hauptinseln der Seychellen verzaubern dich auf Anhieb. Schon als du vom Flugzeugfenster aus die herrlich grünen Silhouetten im Indischen Ozean erblickst, macht sich grenzenlose Vorfreude auf die Seychellen breit.

Deine nächsten Tage gehören La Digue, dem Juwel der Seychellen. Im winzigen Hafenort La Passe leihst du dir ein Fahrrad, denn so lässt sich die Insel am besten entdecken. Autos gibt es auf La Digue zwar mittlerweile auch, aber zum Glück nur wenige. Hier fährt wirklich jeder mit dem Rad, was bei der geringen Größe der Insel von nur zehn Quadratkilometern einfach das perfekte Fortbewegungsmittel ist. Oder natürlich der Ochsenkarren!

Die malerischen Wege La Digues schlängeln sich entweder direkt an der Küste entlang, von Traumstrand zu Traumstrand, oder durch dichte tropische Wälder im Inselinneren. Endstation ist dann zum Beispiel die berühmte Anse Source d'Argent. Das glasklare Wasser, die beeindruckenden Felsformationen, der schneeweiße Sand … Kein Wunder, dass dieser Strand schon mehrfach zu einem der schönsten der Welt gewählt wurde! Bereits der Weg dorthin ist traumhaft. Er führt durch L'Union Estate, einen Naturpark, wo du staunend durch schattenspendende Palmenhaine und duftende Vanilleplantagen radelst.

An der Grande Anse genießt du die Weitläufigkeit und die genialen Wellen. Genau so stellst du dir einen Traumstrand auf den Seychellen vor! Am liebsten würdest du für immer auf La Digue bleiben, einer der schönsten Inseln im Indischen Ozean!

NACHERLEBEN
La Digue ist die kleinste der Hauptinseln der Seychellen und wird von Mahé aus, hier befindet sich auch der internationale Flughafen des Archipels, in kurzer Zeit mit der Fähre erreicht.
www.seyferry.com

Wellenspaß und Badefreuden an der traumhaft schönen Grande Anse auf La Digue (oben). Der Weg zum Traumstrand Anse Source d'Argent führt durch den Naturpark L'Union Estate (unten).

MAURITIUS

Einen *Kochkurs* absolvieren

AUF DEN KREOLISCHEN GESCHMACK KOMMEN

Genau drei gestrichene Esslöffel der Currymischung sind perfekt, um dem Gericht den typischen Geschmack zu geben. Dazu noch ein Löffelchen Ingwer und Knoblauch, beides vorher gepresst und in Öl eingelegt. Hmm, wie gut das duftet, wenn du die cremige Soße vorsichtig umrührst! Noch einmal mit Salz und Pfeffer abschmecken und dann für zwanzig Minuten köcheln lassen. Leckeren Basmatireis wird es dazu geben und hausgemachte Pickles, typisch für Mauritius. Du kannst es kaum mehr erwarten, das von dir höchstpersönlich zubereitete mauritianische Hühnchencurry zu probieren!

NACHERLEBEN
Einen Ort durch die landestypische Küche zu entdecken ist nicht nur lecker, sondern auch eine tolle Möglichkeit, mit der Bevölkerung in Kontakt zu treten. Kochkurse werden in Hotels und privat angeboten.
www.tourism-mauritius.mu

Strandzeit (oben links). Der Küchenchef (oben rechts) zaubert Fruchtspieße in Karamellsoße (unten).

BOTSWANA

Nach *Hippos* Ausschau halten

IM *MOKORO* DURCHS FLUSSLABYRINTH GLEITEN

Das Wasser ist kristallklar. Silbrig glänzende Fische, winzige Frösche und sogar ein kleines Krokodil weichen dem Boot aus. Fasziniert saugst du jedes noch so kleine Detail der Landschaft auf und genießt die Stille. Links und rechts der Wasserwege wächst das Gras so hoch, dass die Tiere darin ein perfektes Versteck finden. Hoffentlich zählt kein Flusspferd dazu, denn die mögen es gar nicht, wenn man ihnen zu nahe kommt! Zurück am Steg steigst du glücklich aus dem *Mokoro*. Dass das Okavango-Delta auch oft als das Juwel der Kalahari bezeichnet wird, kannst du voll und ganz verstehen.

NACHERLEBEN
Mokoro-Touren veranstalten so gut wie alle Lodges im Delta sowie einige Agenturen in Maun. Die beste Reisezeit ist Mai bis September, wenn die Wasserstände nach der Regenzeit wieder hoch genug sind.
www.botswanatourism.co.bw

Leopardenweibchen (oben links). Faszinierende Vogelwelt (oben rechts). Im *Mokoro* kommst du der Natur des Deltas ganz nah (unten).

NAMIBIA

Im Heißluftballon
über die Wüste

FANGE DIE ERSTEN SONNENSTRAHLEN
HOCH ÜBER DER NAMIB EIN!

Außer dem gelegentlichen Zischen des Gasbrenners ist kein Geräusch zu hören. Das Thermometer misst samtweiche 22 Grad und die ersten Sonnenstrahlen des Tages, welche die Berge der Namibwüste in ein apricotfarbenes Licht tauchen, versüßen dir diesen Morgen. Einen schöneren Blick auf die endlose Weite Namibias als vom Korb eines Heißluftballons aus kann es gar nicht geben. Nach der Landung stößt du mit der Ballooncrew mit einem Glas Sekt auf die gelungene Fahrt an. Du freust dich schon darauf, die älteste Wüste der Erde nun vom Boden aus zu erkunden.

NACHERLEBEN
Zwei Attraktionen der in weiten Teilen als UNESCO-Welterbe ausgezeichneten Namib-Wüste: die riesige Düne Big Daddy oder die versteinerten Bäume im Deadvlei.
www.sossusvlei.com

Köcherbaum (oben links). Dünen in der Namib (oben rechts). Ausblick vom Heißluftballon (unten).

SÜDAFRIKA

Die Magie der
Goldenen Stunde

ERKLIMME KAPSTADTS TAFELBERG!

Die Luft ist klar, kein Wölkchen steht am Himmel. Mindestens bis zum Horizont reicht dein Blick. Die berühmte »Tischdecke« des Tafelbergs verhindert heute zum Glück nicht die Aussicht. Die Erinnerungen an gestern zaubern dir ein Lächeln aufs Gesicht. Dein Roadtrip entlang der Kaphalbinsel zu den bunten Strandhäuschen von Muizenberg und dem Kap der Guten Hoffnung war ein Traum! Aber auch dieser Moment ist schwer zu übertreffen: Die malerische Bucht von Camps Bay und die grünen Hänge der Twelve Apostles leuchten im warmen Licht der Abendsonne.

NACHERLEBEN
Aufs Plateau des Tafelbergs bringen dich die Panoramagondeln der Seilbahn. Falls du es aktiver magst: Es gibt viele Wanderwege in allen Längen und Schwierigkeitsgraden.
www.sanparks.org/parks/ table_mountain/

Atemberaubende Aussicht auf Kapstadt und Robben Island.

SÜDAFRIKA

Unter dem *Sternenhimmel* schlafen

AUF WEICHEN FEDERN GEBETTET
DEM BRÜLLEN DER LÖWEN LAUSCHEN

Während dir die Eindrücke der gerade erlebten Safari immer noch ein Lächeln auf die Lippen zaubern, weicht die drückende Hitze des Tages einer lauen Abendluft. Perfekt in den Bäumen arrangierte Sturmlaternen werfen ihren warmen Schein rund um das romantisch hergerichtete Camp und werden später die einzige Lichtquelle hier im südafrikanischen Busch sein. Während die Würstchen auf dem Grill brutzeln, sitzt du mit deinem Ranger am flackernden Lagerfeuer und lauschst seinen spannenden Abenteuergeschichten aus der Wildnis. Ist es wolkenlos, erklärt er dir ganz bestimmt auch die Sternbilder, die den Nachthimmel der südlichen Hemisphäre erhellen.

Ob du dich unter dem schützenden Moskitonetz in deine warme Decke kuschelst, seelenruhig einschläfst und von den Big Five träumst oder noch stundenlang die Sterne beobachtest, bleibt ganz dir überlassen. Hörst du die Flusspferde vom nahegelegenen Wasserloch, die nach Sonnenuntergang ihr nasses Zuhause verlassen, um auf Entdeckungstour zu gehen? Oder die aufgeregten Rufe des Impalas, das seine Herde vor einer herannahenden Raubkatze warnt? Welche Tiere des Nachts durch die Wildnis streifen, kannst du in der Dunkelheit nur erahnen.

Mit einer dampfenden Tasse Kaffee in der Hand bewunderst du den Sonnenaufgang über dem Camp. Wenn du später mit dem Ranger die Umgebung erkundest und die Sandwege nach Tierspuren absuchst, stellst du vielleicht fest, dass ein Löwe ganz nah am Camp war und dich beim Schlafen beobachtet hat ...

NACHERLEBEN
»A night under the stars« kannst du im 23.000 Hektar großen Phinda Private Game Reserve im Nordosten Südafrikas erleben. Ein Ranger sowie ein Security sorgen für deine Sicherheit.
www.andbeyond.com

Der Tag kann kommen (oben links). Ein junger Löwe hat seinen Aussichtsposten in der Savanne bezogen (oben rechts). Campidyll bei Kerzenschein (unten).

SÜDAFRIKA

Im *Luxuszug* durch Südafrika zuckeln

EINE REISE
IN DIE VERGANGENHEIT

Gebannt schaust du aus dem Fenster, während der nostalgische Rovos Rail durch die flache Graslandschaft im Osten Südafrikas zuckelt. Dass diese Zugfahrt eine luxuriöse Zeitreise in die Vergangenheit werden würde, war schon am Morgen zu spüren, als du mit Champagner im Bahnhof von Durban begrüßt und von einem Butler in eine Suite geführt wurdest. Nun sitzt du hier in diesem elegant-romantischen Ambiente zwischen mahagonigetäfelten Wänden, grün-weißen Teppichböden und bunt geblümten Sitzbezügen und fühlst dich in englische Kolonialzeiten zurückversetzt. Am Nachmittag hält der Zug inmitten der südafrikanischen Savannenlandschaft in der Provinz KwaZulu-Natal. Jeeps stehen zum Einsteigen bereit. Nur das Fernglas und die Kamera nicht vergessen! Mit einem ausgebildeten Ranger geht es ins Nambiti Game Conservancy, ein privates Reservat, in dem Afrikas Big Five zu Hause sind. Schon nach wenigen Minuten auf Safari erspähst du eine Familie von Breitmaulnashörnern, die nur wenige Meter vom Jeep entfernt durchs hohe Gras trotten. Ihre Hörner wurden zum Schutz vor brutalen Wilderern entfernt. Auch Büffel, Antilopen, Zebras, Giraffen und drollige Warzenschweine begegnen dir auf dieser Safaritour. Es ist ein einmaliges Erlebnis, solche Tieren in freier Wildbahn beobachten zu dürfen.

Zurück im Luxuszug bleibt Zeit für ein erfrischendes Getränk im stilvollen Loungewagen, wo Sandwichdreiecke, Fruchtspieße und Cashewnüsse auf silbernen Etageren bereitstehen.

NACHERLEBEN
Rovos Rail hat unterschiedliche Zugreisen durch Afrika im Programm, von denen die kürzeste 48 Stunden und die längste 14 Tage dauert. Die historischen Wagons bieten Fünf-Sterne-Niveau. *www.rovos.com*

Gemächlich rattert der Luxuszug durch die südafrikanische Savannenlandschaft (oben). Im vornehmen Speisewagen des Rovos Rail ist schicke Abendgarderobe angemessen (unten).

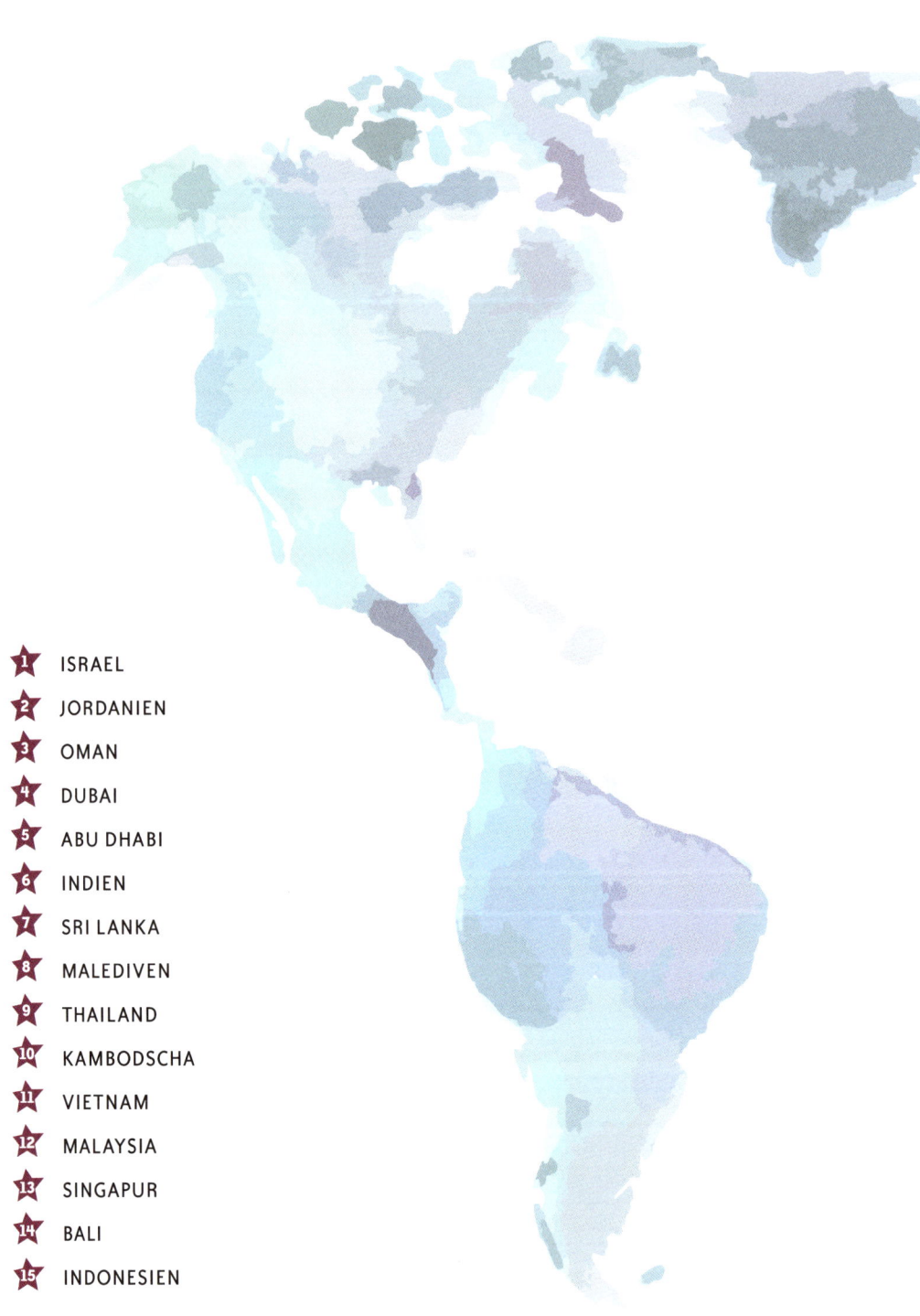

1 ISRAEL
2 JORDANIEN
3 OMAN
4 DUBAI
5 ABU DHABI
6 INDIEN
7 SRI LANKA
8 MALEDIVEN
9 THAILAND
10 KAMBODSCHA
11 VIETNAM
12 MALAYSIA
13 SINGAPUR
14 BALI
15 INDONESIEN

Asien

ISRAEL

Im *Toten Meer* baden

HIGHLIGHTS AM TIEFSTEN ZUGÄNGLICHEN PUNKT DER ERDE

Staubwüste, Trockenheit, Geröll. Weit und breit ist auf dem Tafelberg im Masada-Nationalpark keine Menschenseele zu sehen. Vom schroffen Hochplateau bietet sich ein weiter Panoramablick über die Landschaft. Tiefe Schluchten, bröckelnde Felswände aus hellem Sandstein und die Überreste einer Festung aus römischen Zeiten bestimmen das Bild. Am Horizont erblickst du das Tote Meer, das in blau-grünen Farben in der Sonne schimmert.

Als du eine gute Stunde später am Ufer des riesigen Salzsees ankommst und somit am tiefsten Punkt der Erde (der nicht mit Wasser oder Eis bedeckt ist) stehst, erscheint die Luft unglaublich trocken. Die Wasseroberfläche des Toten Meeres liegt etwa 420 Meter unter dem Meeresspiegel, der Seeboden reicht bis auf etwa 800 Meter unter N. N.

Du streifst deine Klamotten vom Leib und gleitest vorsichtig ins Wasser. Dank des extrem hohen Salzgehalts von etwa 30 Prozent ist es ein Kinderspiel, in Rückenlage an der Oberfläche zu treiben. Leicht wie eine Feder lehnst du deinen Kopf zurück und entspannst die Muskeln. Gleichzeitig tust du deiner Gesundheit durch die im Wasser enthaltenen Mineralstoffe etwas Gutes. Das wussten die Menschen schon vor Urzeiten, als sie zu heilsamen Badekuren ans Tote Meer pilgerten. Natürlich darf auch das obligatorische Schwerelosigkeitsfoto mit Zeitung in den Händen nicht fehlen. Dann aber nichts wie raus, denn länger als eine Viertelstunde am Stück sollte man nicht im Wasser bleiben, sonst entzieht das Salz dem Körper zu viel Flüssigkeit.

NACHERLEBEN
Das schwerelose Baden im Toten Meer ist ein besonderes Phänomen: Aufgrund des Salzgehaltes von rund 30 Prozent treiben Schwimmer wie Korken an der Oberfläche ohne unterzugehen.
http://new.goisrael.com

Das Tote Meer in Sicht. Vom Tafelberg im Masada-Nationalpark bietet sich ein grandioser Blick über die endlos weite Landschaft (oben). Der Foto-Klassiker: Zeitung lesen im Toten Meer (unten).

JORDANIEN

Die *Schätze* von Petra entdecken

WANDERE ABSEITS DES BERÜHMTEN SCHATZHAUSES!

Die Wüstensonne brennt unerbittlich auf die staubige Erde und die rötlich schimmernden Felsen Petras. Gut zwei Stunden dauert der schweißtreibende Weg zum Kloster Ad Deir, einem Monument ähnlich dem berühmten Schatzhaus der Felsenstadt. Viele steile Stufen musstest du überwinden, vorbei an beeindruckenden Felsformationen und steilen Abgründen mit Aussichten, die dir fast die Tränen in die Augen trieben, weil sie so wunderschön sind.

Unendliche Weite, Felsen und Steppe. Sonst nichts. Und himmlische Ruhe. Außer, wenn gerade eines der vielen Maultiere zum Klageschrei ansetzt. Dann wird die Stille zerrissen von den ziemlich schrägen Tönen, die von allen Felswänden widerhallen und durch die verlassene Stadt schallen.

Petra bietet viel mehr als nur den weltbekannten Siq, den schmalen Durchgang, und das berühmte Schatzhaus des Pharaos. Die in ihren ganzen Ausmaßen weitläufige Felsenstadt der Nabatäer liegt in einer wunderschönen Landschaft, durchzogen von vielen Wanderwegen und schmalen Pfaden. Sie führen an beeindruckenden Bauten wie den mystischen Grabkammern, geheimnisvollen Heiligtümern oder hoch gelegenen Opferplätzen vorbei.

Mit etwas Glück hat auch das kleine Café auf den Felsen geöffnet, welches auf deinem Rückweg von Ad Deir zum Siq liegt. Eine eiskalte Cola in Verbindung mit dem absolut spektakulären Blick zur tief eingeschnittenen Schlucht ist wirklich unschlagbar, findest du nicht auch?

NACHERLEBEN
Tickets gibt es direkt am Eingang im Besucherzentrum. Drei Tage Eintritt kosten nur unwesentlich mehr als das Ein-Tages-Ticket, und du solltest wirklich einen längeren Aufenthalt in Erwägung ziehen.
www.visitpetra.jo

Ein Esel in der Felsenstadt (oben links). Wunderbare Aussichten im weitläufigen Areal von Petra (oben rechts). Die Nabatäerstadt bei Nacht: ein unvergessliches Erlebnis (unten).

JORDANIEN

Den Zauber der *Wüste* erleben

PER JEEP
DURCHS WADI RUM

Die gleißende Sonne steht hoch am Himmel, während du dich dem Wadi näherst. Ohne Erbarmen brennt sie herab, und nur der Fahrtwind sorgt für ein wenig Abkühlung. Mit jedem Kilometer, den der Jeep in das ausgetrocknete Flusstal hineinfährt, wird die Landschaft eindrucksvoller. Hohe, bizarr geformte Sandsteinberge, orange-rote Felsen und leuchtende Dünen erstrecken sich, so weit das Auge reicht. Weitläufig, einsam und göttlich – mit diesen Worten beschrieb Lawrence von Arabien die Wüste des Wadi Rum, als er sie auf dem Rücken eines Kamels durchquerte. Es fällt nicht schwer, seine Faszination nachzuvollziehen.

Fernab der Zivilisation bist du umgeben von einzigartiger, natürlicher Schönheit.
Langsam bahnt sich der Jeep seinen Weg durch den Wüstensand, vorbei an schwarzen Granitfelsen und zerklüfteten Schluchten, die an eine Kraterlandschaft erinnern. Sie sind der Grund, warum Wadi Rum auch das Tal des Mondes genannt wird.
Einer Fata Morgana gleich, erscheinen in der Ferne Kamele. Eine Gruppe von Männern mit Kopfbedeckung und langen Gewändern begleitet sie. Es sind Beduinen, deren Vorfahren schon vor Jahrtausenden durch die Wüste zogen, in Zelten lebten und Vieh züchteten. Heute verdienen sie ihr Geld mit Touristenausflügen.
Bei einer Tasse Tee im Beduinencamp hast du die Chance, dich mit einem der Männer zu unterhalten. Du fragst, was für ihn das Besondere des Wadi Rum ausmacht. Er antwortet: »Es ist der Zauber der Wüste, der mich in seinen Bann gezogen hat« und deutet in die unendliche Weite des roten Sandmeers.

NACHERLEBEN
Das Wadi Rum liegt im Süden von Jordanien. Jeeptouren und andere Exkursionen, wie eine Ballonfahrt oder eine Übernachtung im Beduinenzelt, bietet das Besucherzentrum an.
www.visitjordan.com

Heute arbeiten viele Beduinen als Touristenführer (oben) und zeigen dir einen Teil des faszinierenden Wadi Rum (unten).

OMAN

Über den *Souk* von Mutrah schlendern

ERLIEGE OMANS
ORIENTALISCHEM CHARME

Lebhaft und chaotisch geht es auf dem Souk, dem traditionellen Basar, in Mutrah zu. In den engen Gassen preisen Männer in knöchellangen Gewändern ihre bunten Stoffe, Duftöle und Gewürze an, den Silberschmuck und die für den Oman so typischen Krummdolche. Der jeweilige Preis der Ware, das stellt sich schnell heraus, hängt vom eigenen Verhandlungsgeschick ab. Nach und nach füllt sich deine Tasche mit Datteln, Seidenschals und anderen tollen Mitbringseln. Leicht benebelt vom schweren Weihrauchduft und abgelenkt von all den wunderbaren Souvenirs hast du plötzlich die Orientierung verloren. Du irrst durch das Gewirr der verschachtelten Gässchen und es dauert eine ganze Weile, bis du den Ausgang gefunden hast.

Vor den Toren des Souks befindet sich die Corniche, eine Uferpromenade, die kilometerweit am Meer entlangführt. Vorbei an der luxuriösen Privatjacht des Sultans, flanierst du in der Sonne und beobachtest dabei die in weiß gehüllten Omanis, die gemütlich im Schatten sitzen, Schach spielen und Kaffee trinken. Von Hektik ist hier keine Spur. Auf der gegenüberliegenden Seite wird die Corniche von weißgetünchten Häusern mit Spitzbogenfenstern und niedlichen Balkonen gesäumt. Sie stammen aus dem 19. Jahrhundert und zeugen von indischen und pakistanischen Einflüssen. In der Ferne zeichnet sich der überdimensionale Weihrauchbrenner ab, das neue Wahrzeichen Mutrahs, dessen Silhouette einem Ufo gleicht.

NACHERLEBEN
Mutrah ist ein Ortsteil von der Hauptstadt Muscat und liegt etwa 30 Minuten vom internationalen Flughafen entfernt. Der Souk gilt als einer der größten Basare in Oman. Keine Scheu vorm Handeln – das gehört zum Geschäft!
www.tourismoman.com.au

Geheimnisvolle Kostbarkeiten auf dem Souk von Mutrah (oben links). Blick von der Corniche (oben rechts). Mutrahs weißgetünchte Häuser mit ihren Spitzbogenfenstern und Balkonen (unten).

OMAN

Durch *arabische Fjorde* kreuzen

AUF EINER DHAU DURCH
DEN KHOR ASH SHAM

Die Zeiger stehen auf sechs Uhr in der Früh. Auf der Halbinsel Musandam, Omans Exklave im Norden, beginnt ein neuer Tag. Die aufgehende Sonne schiebt sich langsam zwischen die noch schattigen Felswände, die den Hafen von Khasab umgeben. Die Morgenluft ist frisch und klar. Der Himmel färbt sich leicht rosa, als du die alte Dhau, ein traditionelles Holzschiff, betrittst. Zur Begrüßung werden Datteln und zuckersüßer Schwarztee gereicht.

Unter dem Sonnensegel liegen bequeme rote Kissen. Von hier aus hast du einen perfekten Blick auf das Meer. Kurz nachdem die Dhau den Hafen von Khasab verlassen hat, steuert sie durch die enge Einfahrt in den Khor Ash Sham hinein. Mit 16 Kilometern ist er der längste Fjord zwischen dem Arabischen Golf, der Straße von Hormuz und dem Golf von Oman. Riesige Felsflanken ragen zu beiden Seiten aus dem Wasser empor.

Vorbei an zerklüfteten Buchten gleitet das Schiff gemächlich über das tiefblaue Wasser, das in der Sonne funkelt. An den Ufern des Fjords klammern sich winzige Dörfer an die Felsen. Sie sind ausschließlich per Boot zu erreichen. Kaum vorstellbar, dass tatsächlich Menschen dort leben.

Zur Mittagszeit ankert die Dhau in einer einsamen Bucht. Zeit zum Schwimmen und Schnorcheln, denn im Korallenriff ringsum tummeln sich zahllose Fische. Während du im kühlen Wasser planschst, bereitet der Skipper das Mittagessen vor. Es gibt frischen Fisch, Biryani-Reis, Gemüse und reichlich Obst.

NACHERLEBEN
Tagestouren durch den Khor Ash Sham starten ab Khasab, dem Hauptstadt von Musandam.
www.omantourism.gov.om

Das Wasser des Khor Ash Sham funkelt in der Sonne (oben). Zahlreiche Delfine tummeln sich in den arabischen Fjorden (unten).

VEREINIGTE ARABISCHE EMIRATE

Vom *höchsten Gebäude* der Welt schauen

ÜBER DUBAIS
BURJ KHALIFA STAUNEN

Von 0 auf 452 Meter in 57 Sekunden – so schnell rast der Aufzug zur Aussichtsplattform des höchsten Gebäudes der Welt hinauf. Oben angekommen, blendet das grelle Licht der Sonne durch die Panoramascheibe. Diese größenwahnsinnige Stadt, die vom Erdboden aus gerade eben noch gigantisch erschien, wirkt plötzlich wie eine Miniaturwelt aus Legosteinen. Die umliegenden Hochhäuser, die Einkaufszentren und selbst der babyblaue Dubai Lake, der die höchsten Wasserfontänen der Welt zu passender Musik in die Höhe schießt, sehen neben dem Burj Khalifa winzig, ja fast unscheinbar aus. Lang fällt der Schatten des 828 Meter hohen Turms über Dubai. Er reicht beinahe bis zum Strand. Ansonsten ist die Aussicht vom höchsten Gebäude der Welt überraschend unspektakulär, denn wegen der Dunstglocke, die sich beständig über der Stadt ausbreitet, reicht der Blick oft nicht einmal bis zum 15 Kilometer entfernten Burj Al Arab, einem der teuersten und luxuriösesten Hotels der Welt, dessen Architektur an ein riesiges Segel erinnert. Ganz anders ist die Atmosphäre auf dem Burj Khalifa bei Dunkelheit, wenn dir ein funkelndes Meer aus Tausenden von Lichtern zu Füßen liegt, und die Augen gar nicht so recht wissen, welches Highlight sie zuerst fokussieren sollen. Türkis-grün leuchten die Wolkenkratzer, gold-gelb funkeln die mehrspurigen Highways und auch die im Rhythmus tänzelnden Wasserfontänen spritzen in allen Regenbogenfarben. Die künstlich erschaffene Welt hinterlässt einen bleibenden Eindruck.

NACHERLEBEN
Es gibt zwei unterschiedlich teure Aussichtsplattformen, im 125. und im 148. Stockwerk. Buche dein Ticket am besten im Voraus. So sparst du nicht nur Geld, sondern auch Schlangestehen.
www.tickets.atthetop.ae

Von der Aussichtsplattform reicht der Blick über die ganze Stadt (oben links). Der künstlich erschaffene Dubai Lake (oben rechts). Dubais Lichtermeer (unten links) vom Burj Khalifa (unten rechts).

VEREINIGTE ARABISCHE EMIRATE

Den *Duft des Orients* in der Nase

ÜBER DEN GEWÜRZMARKT
AM DUBAI CREEK FLANIEREN

Betörende Weihrauchschwaden wabern durch das Gassenlabyrinth des traditionellen Gewürzmarktes am Dubai Creek. Während einer der vielen Ladenbesitzer seiner Kundschaft die kunterbunte Welt der Kaschmirschals zeigt, bietet ein anderer Händler Kaffee und Datteln an. Ein weiterer kommt mit Kamelmilchschokolade um die Ecke. Was für eine Reizüberflutung! Du weißt gar nicht, wo du zuerst hinschauen sollst und entscheidest dich, erst einmal weiterzugehen und die vielen Eindrücke wirken zu lassen. Hunderte kleine Geschäfte bieten Gold- und Silberschmuck, orientalische Parfüms in edlen Flakons, bunte Gewänder, Seidentücher und allerhand kitschige Souvenirs an. Ein winziger Laden, vor dessen Eingang ein gebrechlicher alter Mann sitzt, zieht deine Aufmerksamkeit auf sich. Säckeweise Gewürze, getrocknete Blüten, Pistazien und Mandeln befinden sich in seiner üppigen Auslage. Beim Nähertreten schlägt ein feiner Duft von Nelken, Kardamom, Zimt und Vanille durch. Mit einem Lächeln reicht dir der alte Mann eine mit weißer Schokolade überzogene Dattel und bittet dich einzutreten. Auch Rosenwasser, arabischen Tee, Sandelholz und Weihrauch hat er in seinen Regalen. Nach und nach landen exotische Mitbringsel in deiner Tasche, natürlich nicht ohne vorher ordentlich zu feilschen, denn das gehört auf einem orientalischen Markt nicht einfach nur aus alter Tradition dazu, sondern ist eine ernstzunehmende Kunst, die es zu beherrschen gilt.

NACHERLEBEN
Das Altstadtviertel rund um den Dubai Creek mit dem Gewürzmarkt ist einer der letzten Orte in Dubai, an dem sich ein Funken der traditionellen arabischen Kultur bewahrt hat.
www.visitdubai.com

Weihrauch, seit jeher ein beliebtes Mitbringsel (oben links). Blüten und Gewürze in Hülle und Fülle (oben rechts). Duftöle in edlen Flakons (unten links). Pantoffel-Schönheiten (unten rechts).

VEREINIGTE ARABISCHE EMIRATE

Scheich-Zayed-Moschee

EIN GOTTESHAUS DER SUPERLATIVE

Im Schutz einer *Abaya* läufst du barfuß über den Marmorboden, der das gleißende Sonnenlicht reflektiert. Vor dir ragen die Minarette der Scheich-Zayed-Moschee in den Himmel. Das schneeweiße Gotteshaus mit seinen vergoldeten Details wirkt wie eine Fata Morgana. Einheimische und Touristen zieht es in Scharen in die Moschee, die mit vielen Superlativen aufwartet: Sie ist nicht nur die drittgrößte Moschee der islamischen Welt und bietet Platz für mehr als 30 000 Gläubige, sondern sie trumpft auch mit dem größten handgeknüpften Teppich sowie mit dem größten Kronleuchter der Welt auf.

NACHERLEBEN
Die Moschee ist täglich geöffnet und kann mit Ausnahme vom Freitagmorgen auch von Nicht-Muslimen besucht werden. Auf die Kleidervorschrift zu achten ist ein Gebot des Respekts.
www.visitabudhabi.ae

Die strahlend weiße Scheich-Zayed-Moschee ist die drittgrößte Moschee der Welt.

INDIEN

Die *Festung* von Jaisalmer durchstreifen

UNTERWEGS IN
RAJASTHANS GOLDENER OASENSTADT

Majestätisch thront die 500 Meter lange Festung von Jaisalmer auf einem Hügel über der Stadt. Etwas planlos läufst du durch das Labyrinth aus schmalen Gassen und lässt dich vom bunten Treiben mitreißen. Freundlich lächelnde Händler versuchen, ihr Angebot schmackhaft zu machen: »My friend, come see my shop. I have a very good price only for you!« In ihren Läden stapeln sich gemusterte Schals, bestickte Umhängetaschen, Tongefäße, Bücher, Schmuck und Postkarten.

Zwischen all dem Chaos auf den Straßen tummeln sich Schweinchen, die im Müll nach Essbarem suchen. Heilige Kühe stehen mitten im Gewusel und lassen sich durch nichts und niemanden aus der Ruhe bringen. Typisch Indien! Und dabei ist Jaisalmer mit Sicherheit einer der touristischsten Orte in diesem riesigen Land. An jeder Ecke gibt es bunt bemalte Cafés, die mit Pfannkuchen und Milchkaffee nach italienischer Art werben. »German Bakeries« verkaufen Apfelkuchen und Zimtschnecken.

Trotzdem versprüht die Oasenstadt mit ihren ockerfarbenen Sandsteinhäusern jede Menge Charme. Besonders am späten Nachmittag, wenn die Sonne schon tief steht, ist die Stimmung beeindruckend. Du sitzt auf einer der vielen Dachterrassen, bestellst Kingfisher-Bier, Gemüsecurry und *Chapati*, das weiche Fladenbrot. Dabei beobachtest du, wie frisch gewaschene Wäsche auf den Flachdächern im warmen Wüstenwind flattert und einheimische Jungen ihre selbstgebastelten Papierdrachen steigen lassen.

NACHERLEBEN
Die Oasenstadt Jaisalmer liegt im nordindischen Bundesstaat Rajasthan, im Westen der Wüste Thar, nahe der Grenze zu Pakistan. Sie wird oft im Rahmen einer Rundreise besucht. Von Jaipur aus sind es etwa 600 Kilometer.

Dinner über den Dächern von Jaisalmer (oben links). Ein prunkvolles *Haveli*, so nennt man die palastartigen Wohnhäuser der wohlhabenden Kaufleute (oben rechts). Straßenszene mit Kuh (unten).

INDIEN

Mit dem *Hausboot* durch die Backwaters

KOKOSNÜSSE, LAGUNEN
UND EASY LIVING IN KERALA

Auf allen Seiten säumt dichtes, undurchdringliches Grün die Ufer der weltbekannten Backwaters in Kerala. Das Wasser glitzert im sanften Licht der Nachmittagssonne an diesem warmen Tag im Spätsommer. In kurzen Momenten der Stille erklingen die Rufe der vielen unterschiedlichen Vogelarten, die alle in dieser Landschaft aus Palmwäldern, Reisfeldern und Busch ihr Zuhause gefunden haben.

Auf den alten, zu gemütlichen Hausbooten umgebauten Reisfrachtern lassen sich die faszinierenden Wasserstraßen Keralas am besten erkunden. Langsam zieht die Landschaft vorbei: Du entdeckst pink leuchtende Lotosblumen, blau schimmernde Eisvögel bei ihrer Jagd nach kleinen Fischen und flinke Nager, die in den Büschen am Uferrand umherhuschen.

Manchmal sind die Kanäle ganz schmal und die Palmen rechts und links vom Ufer recken ihre Wedel wie ein natürliches Dach bis fast zur Mitte der Wasserstraße. Wieder ein anderes Mal schipperst du über weite Flächen mit tiefem, dunklem Wasser, deren Uferränder weit entfernt liegen. Du wirst innerlich ganz ruhig und versuchst, diesen Moment für immer in deinem Gedächtnis abzuspeichern.

Zu den touristischen Attraktionen Keralas zählen in der Hafenstadt Kochi die chinesischen Fischernetze, riesige luftige Konstruktionen aus Bambusstangen und Holz. Hier herrscht, besonders am Abend, eine tolle Stimmung und viele Händler bieten lokale Spezialitäten auf kleinen Grills an. Als legendär gilt das südindische Curry mit fangfrischem Fisch, du wirst es lieben!

NACHERLEBEN
Touren durch die Backwaters im südindischen Kerala starten meist am Vormittag von der Stadt Alleppey aus. Viele Hausboote liegen hier vor Anker und warten auf Gäste. *www.keralatourism.org*

Die chinesischen Fischernetze in der Hafenstadt Kochi am Abend (oben). Auf einem Hausboot durch die Backwaters von Kerala zu schippern ist ein authentisches Erlebnis (unten).

SRI LANKA

Panoramafahrt durch *Teeplantagen*

SRI LANKAS
FASZINIERENDES HOCHLAND ERLEBEN

Die alte Lokomotive stößt einen schrillen Pfeifton aus, es ruckelt bei der Anfahrt. Der hellblaue Zug setzt sich quietschend in Bewegung. Durchs Fenster beobachtest du, wie die letzten Passagiere auf die Außentrittbretter der Waggons aufspringen. Nun rattert der Zug los und nimmt gemächlich Fahrt auf, mit höchstens 30 Stundenkilometern langsam genug, um den Passagieren Zeit zu lassen, die Landschaft zu bewundern.

Sie gilt als eine der schönsten Zugfahrten der Welt: die Panoramastrecke von der alten Königsstadt Kandy bis zu dem Ort Ella, der umgeben von einer malerischen Bergkulisse inmitten des Hochlands von Sri Lanka liegt.

Vorbei an weitläufigen Kokospalmhainen, winzigen Dörfern und dunkelgrünen Teeplantagen, auf denen Pflückerinnen den berühmten Ceylontee ernten, schraubt sich die Bahn über Viadukte und durch zahlreiche Tunnel hinauf in die Berge.

Dichte Nebelschwaden ziehen auf. Die feucht-warme Luft weicht einer kühlen Brise. Tiefe Schluchten, Wasserfälle und Reisterrassen, die sich wie grüne Teppiche über die Hügellandschaft legen, erstrecken sich, so weit das Auge reicht. In jedem noch so kleinen Bahnhof, in den der Zug einrollt, kommen fliegende Händler herbeigeeilt. Durchs Fenster verkaufen sie scharfe Teigtaschen, *Samosa*, geröstete Erdnüsse, in Zeitungspapier gewickelten Reis, Mangos und Mandarinen – eine ganze Mahlzeit für kleines Geld. Du lehnst dich in deinen Sitz zurück und genießt die Fahrt.

NACHERLEBEN
Sri Lankas Main Line führt von der Hauptstadt Colombo durch das Hochland bis Badulla. Für die 163 Kilometer lange Strecke von Kandy nach Ella benötigt der Zug fast sieben Stunden. Tickets am besten vorab unter *www.exporail.lk*

Das Landschaftsbild wechselt im Minutentakt (oben). Gemächlich zuckelt die Lok durch die Teeplantagen. Eines der vielen Highlights ist die Überquerung der Nine Arches Bridge (unten).

SRI LANKA

Auf Tuchfühlung mit dem *Buddhismus*

SPIRITUELLE ORTE
AUF SRI LANKA BEREISEN

Sobald die Sonne an Kraft verliert und die Hitze des Tages milderer Luft weicht, rufen rhythmische Trommeln, Flötenmusik und Mönchsgesänge zur Andacht. Hunderte Gläubige sind gekommen, um sich in Anuradhapura unter dem Jaya Sri Maha Bodhi, dem großen Baum der Erleuchtung, zu versammeln. Die knorrige Pappelfeige, die alljährlich lilafarbene Blüten trägt, wird von Sri Lankas Buddhisten als besonders heilig verehrt, denn schließlich ist sie ein Ableger jenes Stamms, unter dem Siddharta Gautama einst zum Buddha wurde. Weiß gekleidete Frauen legen Lotus- und Frangipaniblüten nieder, zünden Öllämpchen an und murmeln Gebete. Andere knien zwischen unzähligen Räucherstäbchen, die ein betörendes Aroma verströmen. Vor dem goldenen Zaun, an dem Gebetsfahnen im Wind flattern, sitzen Mönche in orangefarbenen Roben im Lotussitz. Sie haben ihre Augen geschlossen und sind in tiefer Meditation versunken.

Bei einer Reise durch Sri Lanka wird deutlich spürbar, wie stark der Buddhismus das Leben der Einheimischen prägt. Wenn du das Land, die wundervollen Menschen und ihre faszinierende Kultur verstehen lernen möchtest, dann sitze eine Weile unter dem Sri Maha Bodhi und lasse dich von der Spiritualität des Ortes verzaubern.

Auch im Dalada Maligawa, dem heiligen Zahntempel in der ehemaligen Königsstadt Kandy, ist die tiefe Verbundenheit mit dem Buddhismus spürbar. Pilger strömen täglich hierher, um ihre mitgebrachten Opfergaben vor dem goldenen Schrein niederzulegen, in dem der linke Eckzahn Buddhas aufbewahrt wird. Er ist einer der kostbarsten Schätze im Theravada-Buddhismus.

NACHERLEBEN
Spirituelle Orte verteilen sich quer über Sri Lanka – in Anuradhapura, in Kandys Zahntempel oder am Gipfel des Adam's Peak, dem heiligen Berg des Landes, ist die besondere Atmosphäre greifbar.
www.srilanka.travel

Mönche auf dem Adam's Peak (oben links). Opfergaben (oben rechts) und Andacht im Zahntempel (unten).

MALEDIVEN

Überm *Wasser* wohnen

ZAUBERHAFTE VILLEN AUF DEN MALEDIVEN

Der lange Steg führt geradewegs ins Paradies: eine Villa auf Stelzen in der Lagune. Die Aussicht auf diese Traumunterkunft macht die Strapazen von Flug und Jetlag im Nu vergessen – wow, einmal im Leben in einer Overwater-Villa übernachten!

Es ist bereits später Nachmittag, als du mit dem Fahrrad über die hölzernen, silbrig schimmernden Planken des Stegs fährst. Radeln auf einer kleinen Malediven-Insel? Das funktioniert wunderbar! Es weckt echte Glücksgefühle in dir und gehört zu deinen absoluten Lieblingsmomenten.

Abends lässt die tiefstehende Sonne die komplette Lagune in einem zarten Gold glänzen, während am Morgen das glasklare Wasser des Indischen Ozeans noch in den intensivsten Türkistönen leuchtete. Unzählige Fische schwimmen durch das flache Wasser, sogar zwei junge Schwarzspitzenriffhaie und ein majestätischer Stachelrochen sind mit dabei. Ob er auch heute Abend wieder in die Nähe deiner Villa kommt, um vor dem Hereinbrechen der Dunkelheit noch einmal kurz Hallo zu sagen?

Das Abendessen ist köstlich. Mit den Füßen im Sand, bei flackerndem Kerzenlicht und Mondschein, genießt du den fangfrischen Fisch direkt vom Grill zusammen mit leckeren, für die Malediven typischen Beilagen. Danach wartet schon die Overwater-Villa und bietet vom offenen Wohnzimmer über die Terrasse, welche fast in der Lagune zu schweben scheint, einen herrlichen Meerblick. Alles ist still, das Rauschen der Wellen begleitet deine Träume.

NACHERLEBEN
Die Republik der Malediven besteht aus knapp 2000 Inseln. Auf einigen davon finden sich Hotelanlagen, oft mit den auf Stelzen in die Lagune gebauten Overwater-Villen.
www.visitmaldives.com

Die Overwater-Villen scheinen über dem Indischen Ozean zu schweben (oben). Drei Dinge, die das Glück perfekt machen: Sonne, Sand und ein Steg, der hinaus in die türkise Lagune führt (unten).

MALEDIVEN

Eine unbewohnte Insel *erforschen*

SCHWELGE IM ROBINSON-CRUSOE-GEFÜHL!

Unzählige Palmen wiegen sich im leichten Wind. Die Sonne strahlt von einem tiefblauen Himmel, den nur hier und da ein paar Zuckerwattewölkchen verzieren. Diese eine Wolke da drüben sieht fast aus wie der kleine Krebs, der vorhin über die leuchtend weiße Sandbank mitten in der Lagune gekrabbelt ist.

Entspannt und zufrieden genießt du die angenehme Kühle des Schattens, den die Kokospalmen in den heißen Stunden des frühen Nachmittags spenden. Sonnenschirme und Liegen sind auf der Robinson-Insel Kuda Finolhu im Süd-Malé-Atoll natürlich Mangelware, genau wie alle anderen Annehmlichkeiten eines Hotels. Hier gibt es nur die Natur und dich, und das fühlt sich so gut an! Du spürst, wie das Salzwasser auf der Haut langsam trocknet und lässt den Blick noch einmal zum glasklaren Meer wandern, in dem du gerade ein erfrischendes Bad genommen hast. Wie kann Wasser eigentlich nur so unglaublich türkis leuchten?

Später steht ganz sicher noch Schnorcheln auf dem Programm. In den seichten Gewässern rund um das Inselchen tummeln sich die verschiedensten Meeresbewohner, darunter auch ein paar Schwarzspitzenriffhaie mit ihrem Nachwuchs. Oder bist du eher der Strandtyp? Auch in diesem Fall sind echte Glücksmomente garantiert, denn das komplette Eiland rahmen traumhaft schöne Sandstrände ein. Du musst dich nur entscheiden, an welcher Seite der Insel du deine Zehen in den schneeweißen Sand graben möchtest!

NACHERLEBEN
Viele Malediven-Inseln sind weder bewohnt, noch findet man dort ein Resort. Damit eignen sie sich perfekt als Ziel für einen Tagesausflug, den du meist im Hotel buchen kannst.
www.visitmaldives.com

Für einen Tag möchte man gern mit dem berühmtesten Schiffbrüchigen der Welt tauschen! Der Ausflug zu einer der unbewohnten Inseln der Malediven bringt dich diesem Gefühl sehr nahe.

THAILAND

Das *Inselglück* in Thailand finden

POSTKARTENIDYLL
UND PARADIESISCHE STRÄNDE

Der Traumtag in Thailand beginnt in einer schaukelnden Hängematte auf Koh Rok, einer winzigen Paradiesinsel im Süden von Thailand. Gedankenverloren blickst du auf das azurblaue Meer hinaus. Das gleichmäßige Rauschen der Wellen lässt dich eindösen. Nach einer Weile ist die ideale Zeit fürs Schnorcheln gekommen: Riesige Fischschwärme, Seegurken und wunderschöne Korallen bevölkern die Unterwasserwelt. Sonnenstrahlen scheinen wie goldene Fäden durch die Wasseroberfläche und lassen die Korallen in den buntesten Farben leuchten. Am Nachmittag spazierst du über den Sand, der wie zarter Puder an der Haut kleben bleibt. Bunt geschmückte Longtailboote schaukeln im Wasser, Kokospalmen wehen sachte im Wind. An einer kleinen, notdürftig zusammengezimmerten Beach Bar gibt es frisch gepressten Mangosaft. Er schmeckt absolut köstlich! Wenig später lässt du dich zu säuselnder Musik massieren. Mit dem Duft von Tigerbalm in der Nase entspannt sich jeder einzelne Muskel im Körper.

Der krönende Abschluss des Tages wartet am Strand, der jetzt, wo die Tagestouristen verschwunden sind, noch viel paradiesischer wirkt. Die Füße im warmen Sand vergraben, blickst du Richtung Horizont und beobachtest den Sonnenuntergang. Wie ein glutroter Feuerball scheint sie im Meer zu versinken, und in wenigen Minuten umhüllt die Dunkelheit der Nacht deine Trauminsel.

NACHERLEBEN
Thailands touristische Ausgangsorte sind Bangkok, Koh Samui oder Phuket. Von dort geht es weiter auf die kleineren Inseln wie Koh Mak, Koh Lanta, Koh Tao, Koh Rok oder Koh Lipe,
www.thailandtourismus.de

Smaragdgrünes Meer, endlose Sandstrände und überwucherte Felswände, so sieht das Postkartenparadies in Südthailand aus (oben). Orte wie dieser laden zu einer Massage mit Meeresrauschen ein (unten).

THAILAND

Auf *Tempeltour* in Bangkok

PER BOOT
UND TUK TUK DURCH THAILANDS HAUPTSTADT

Das gleißende Sonnenlicht heizt den Steinboden auf. Barfuß und mit einem um die Hüfte geschwungenen Sarong flanierst du durch die Anlage des Wat Arun, eine Wasserflasche in der einen, die Kamera in der anderen Hand. »Tempel der Morgenröte« wird die buddhistische Stätte auch genannt, die mit ihren vielen dekorativen Elementen verzaubert. Im Herzen des Tempels steht der Phra Prang, eine spitz zulaufende Pagode. Auf ihrer vierten Ebene angekommen, belohnt ein einmaliger Blick über Bangkok für den schweißtreibenden Aufstieg.

Weiter geht es per Boot über den Chao Phraya River zum Wat Pho. Er ist die größte und älteste Tempelanlage der Stadt. Inmitten schön bepflanzter Gärten befindet sich die Hauptattraktion dieses Tempels, ein 46 Meter langer, liegender Buddha. Ehrfürchtig stehst du vor der gewaltigen Statue, die mit reichlich Blattgold überzogen ist und den Moment der Erleuchtung, den Eintritt ins Nirwana, zeigt. Einheimische bringen Blumen und Opfergaben dar und verneigen sich vor ihrem Religionsgründer.

Vom Wat Pho geht es im Tuk Tuk, einer Autorikscha, zum nahegelegenen Grand Palace, dem ehemaligen Palast der Könige. Der Komplex besteht aus so vielen einzelnen Gebäuden und Innenhöfen, dass es eine ganze Weile dauert, all die schönen Figuren, Wandmalereien, die prächtigen Verzierungen und geschmückten Schreine in Augenschein zu nehmen. Eines der Highlights ist der Wat Phra Kaeo, der den lange verschollenen Smaragd-Buddha beheimatet.

NACHERLEBEN
Über 400 Tempel gibt es in Bangkok, darunter Wat Arun, Wat Pho sowie den Wat Phra Kaeo im Königspalast. Sie sind per Boot, Tuk Tuk oder Taxi erreichbar. Bitte die Kleidervorschriften beachten!
www.thailandtourismus.de

Prunkvoll verzierte Tempelanlagen, eine Vielzahl an Götterfiguren, Wandmalereien und üppig geschmückte Schreine erwarten dich auf einer Tempeltour durch Thailands Hauptstadt Bangkok.

KAMBODSCHA

Die Tempelanlagen von *Angkor* bestaunen

AUF DEN SPUREN DES ALTEN KHMERREICHS

Freundlich lächelnd reicht die Kambodschanerin den Teller herüber, der bis zum Rand mit gerösteten Vogelspinnen gefüllt ist: Richtig lecker würden die schmecken und so knusprig, versucht sie mit Händen und Füßen zu erklären. Ob du dich traust, eine zu probieren? Dieser zugegebenermaßen recht außergewöhnliche Snack bleibt nicht das einzige, was einen in den riesigen Tempelruinen rund um Angkor Wat in Staunen versetzt: Wie konnten die Menschen früher, ausgerüstet mit nur den einfachsten Hilfsmitteln, solch beeindruckende Bauwerke errichten?
Neben dem absolut faszinierenden Angkor Wat selbst, mit seiner weltbekannten und wunderschönen Silhouette, beeindruckt vielleicht der Tempel Ta Prohm am meisten. Oder besser gesagt, die Natur in seiner Anlage: Riesige Würgefeigen haben mit ihren mächtigen Wurzeln die Steine fest im Griff und erobern sich langsam, Zentimeter für Zentimeter, ihren Platz zurück. Kein Wunder, dass die spektakuläre Szenerie schon für Filme wie »Tomb Raider« als perfekte Dschungel-Kulisse diente. Du staunst über die üppige Natur und machst ein Picknick unter den knorrigen Bäumen. In Momenten vollkommener Ruhe stellt sich fast das Gefühl ein, der Wind würde dir all die Geschichten zuflüstern, die dieser faszinierende Ort zu erzählen hat.
Drei Tage sind eine angemessene Zeitspanne für die Erkundung der alten Gemäuer, wobei du bewusst den Sonnenaufgang auslässt. Hier tummeln sich jeden Morgen Hunderte von Touristen, um die Spiegelung des Tempels Angkor Wat im Lotusteich gegenüber zu fotografieren. Viel zu viele Menschen für deinen Geschmack!

NACHERLEBEN
Die Tempelanlagen von Angkor lassen sich entweder mit dem Fahrrad oder per Tuk Tuk samt Fahrer erkunden. Drei Tage Zeit sollten für das riesige Tempelareal zur Verfügung stehen.
http://whc.unesco.org/en/list/668

Angkor Wat (oben links). Die Natur erobert sich ihren Platz zurück (oben rechts). Buddha-Statue (unten links). Geröstete Vogelspinnen (unten rechts).

VIETNAM

Auf *Streetfoodtour* in Hoi An

KOSTE KROSS GEBRATENES UND SÜSSE NACHSPEISEN

Das verträumte Hafenstädtchen Hoi An ist in ganz Vietnam berühmt für sein ungewöhnliches und außerordentlich leckeres Streetfood. Gemütlich schlenderst du durch die Gassen und lässt dir von deinem einheimischen Guide alles über die hiesigen Essgewohnheiten erzählen. Kein Wunder, dass sich bald ein leichtes Hungergefühl einstellt und du es gar nicht mehr erwarten kannst, gleich das traditionelle »Banh Mi« zu probieren! Das Baguettebrötchen, gefüllt mit gegrillten Schweinefleischscheiben, Ei und Salat schmeckt wirklich gut, besonders die würzige Soße ist ein Gedicht. Das Rezept bleibt aber leider Verschlusssache und das wohlgehütete Geheimnis der Familie! Die nächsten Stationen sind die belebte Markthalle, wo es in einem entzückenden Restaurant die traditionelle »Cao-Lau«-Nudelsuppe gibt (inklusive kross gegrillter Schweinehaut als Topping), die süßen »Water Fern Cakes«, kleine Pancakes aus Reismehl, und den dampfenden Seafood-Hotpot. Überall in den Bäumen und Palmen leuchten die für Hoi An so typischen Lampions und verbreiten eine bezaubernde Stimmung. Morgen willst du unbedingt noch mehr von Hoi An erkunden. Vor allem die Japanische Brücke, die einst zwei historische Stadtviertel vereinte, interessiert dich besonders. Das lebendige Küstenstädtchen in Zentralvietnam zählt mittlerweile zum Weltkulturerbe der UNESCO und war einst sogar der größte Hafen Südostasiens, direkt an der Seidenstraße gelegen.

NACHERLEBEN
Streetfood-Touren durch Hoi An haben viele verschiedene Vietnam-Anbieter im Programm. Für Strandfans: Etwa vier Kilometer außerhalb der Stadt liegt der schöne Cua Dai Beach.
http://whc.unesco.org/en/list/948

Eine reich gedeckte Tafel mit Leckerbissen und Blumen (oben). Die Altstadt von Hoi An ist überall mit bunten Lampions geschmückt (unten).

VIETNAM

Eine Nacht auf dem *Mekong* verbringen

GRUSELN UND GENIESSEN
IM DELTA

Schlangen, die sich in Dächern einnisten, um die Häuser stromernde Ratten oder anderes Ungeziefer: So sieht der Alltag für die Bewohner des Mekong-Deltas aus. Vor Zwischenfällen dieser Art fürchtet sich hier keiner. Doch vor den Geistern, die um Mitternacht aus den braunen Fluten des Mekongs steigen und rastlos in den Dörfern umherwandern, sehr wohl. Auch bei dir stellt sich ein etwas mulmiges Gefühl ein, als der Guide eine Schauergeschichte nach der anderen auspackt. Du schaust dich ängstlich um, es ist kurz vor Mitternacht und stockdunkel auf dem Hausboot, mitten im Mekong-Delta. Ob das nachher etwas wird mit der erholsamen Bettruhe?

Doch der Blick in den wunderschönen Nachthimmel, an dem dank der wenigen Lichtquellen am Fluss Tausende von Sternen glitzern, verjagt alle Gespenster. Müde kuschelst du dich wenig später in die weichen Bettdecken deiner Kabine.

Reichlich früh ertönt am nächsten Morgen lautes Geknatter und Geschrei: der schwimmende Markt von Chau Doc. Vom Oberdeck aus wirkt das Gewimmel vollkommen unübersichtlich. Überall liegen bunte Boote, auf denen die unterschiedlichsten Waren angeboten werden. Hier Kähne, die unter der tonnenschweren Last frischer Ananas oder Hunderter Kokosnüsse fast zusammenbrechen, da alte Frauen, die dampfende Nudelsuppe zubereiten, und dort Gegenstände des täglichen vietnamesischen Hausgebrauchs, knapp über der Wasserkante dargeboten. Du entscheidest dich für einen Becher würziger Brühe zum Frühstück, und denkst an die Geister der vergangenen Nacht auf dem Mekong.

NACHERLEBEN
Unterschiedlich lange Fahrten durch das Mekong-Delta, empfehlenswert sind auf jeden Fall mehrtägige Touren, kannst du bei zahlreichen Anbietern auf verschiedenen Schiffen buchen.
www.mekongtourism.org

Obst und Gemüse auf dem Markt (oben links).
Boot mit schwerer Ladung (oben rechts). Alltag auf dem schwimmenden Markt von Chau Doc (unten).

MALAYSIA

In der coolsten Rooftop-Bar der Welt

AUF EINEN DRINK
IN DIE HELI LOUNGE

Dicke Wolken hängen über den Dächern Kuala Lumpurs. Die Luft ist schwülwarm, der letzte Regenfall noch nicht lange her. Es dämmert bereits, als du die Treppenstufen zum Helipad hinaufsteigst. Zunächst überrascht die notdürftige Ausstattung der Rooftop-Bar. Lediglich eine handvoll der typischen asiatischen Plastiktische und -stühle stehen über das Plateau verstreut. Keine Glasscheibe, kein Geländer, lediglich ein Absperrband sowie eine gelbe Bodenmarkierung hindern die Besucher daran, zu nahe an den Abgrund zu treten. Doch genau das ist es, was die Lounge ausmacht. Tagsüber landen hier Helikopter, pünktlich zum Sonnenuntergang verwandelt sich dieser Ort in eine hippe Bar. Wenn das mal nicht originell ist!

Mit einem gelbfarbenen Cocktail in der Hand blickst du auf die atemberaubende Skyline von Kuala Lumpur. Von hier oben, aus mehr als 150 Metern Höhe, lässt sich die wuselige Großstadt als Ganzes erfassen. Hotels und Hochhäuser, die bunten Dächer der Marktstände sowie Straßen, vollgestopft von Taxen und Motorrollern, liegen dir zu Füßen. In fast greifbarer Nähe ragen die Petronas Towers in den inzwischen schwarzen Nachthimmel, sie waren ein paar Jahre lang die höchsten Wolkenkratzer der Welt. Sie erstrahlen in weiß-grellem Licht und ziehen alle Aufmerksamkeit auf sich. Bereit für das Nachtleben von Malaysias Hauptstadt erhebst du dein Glas und prostest den Zwillingstürmen mit ihrer schwindelerregenden Skybridge zu.

NACHERLEBEN
Die Heli Lounge befindet sich im 34. Stock des Menara KH Buildings in Kuala Lumpur. Der Zugang kostet keinen Eintritt, allerdings muss man ein Getränk an der Bar bestellen, um das Helipad betreten zu dürfen.

Von der Heli Lounge hast du den besten Blick auf die leuchtenden Petronas Towers, das Wahrzeichen Kuala Lumpurs (oben). Das Lichtermeer der Großstadt liegt dir zu Füßen. Welch ein Ausblick (unten)!

MALAYSIA

Langkawis Sky Bridge

NERVENKITZEL
ÜBERM REGENWALD

Deine Knie sind weich wie Wackelpudding. Behutsam setzt du einen Schritt vor den anderen. Unter deinen Füßen befinden sich Glasplatten, darunter das üppige Grün des Regenwaldes. Von unten zirpt und kreischt es. Dieses Abenteuer ist nichts für Weicheier! Mitten auf der 125 Meter langen Fußgängerbrücke bleibst du stehen, um die Aussicht aus rund 700 Metern Höhe zu genießen. Dicht bewaldete Felsen ragen vor dem leuchtenden Wasser der Andamanensee auf. In der Ferne zeichnen sich Inselketten ab. Bei klarem Wetter reicht der Blick bis zur Südspitze Thailands.

NACHERLEBEN
Die Sky Bridge befindet sich auf dem Berg Gunung Mat Cincang, im Westen der malaysischen Insel Langkawi. Per Seilbahn gelangst du vom künstlich angelegten Oriental Village zur Brücke.
www.panoramalangkawi.com/skybridge

Dramatischer Überhang: die Sky Bridge über dem Dschungel von Langkawi.

SINGAPUR

Chili Crabs am Singapore River

DAS LIEBLINGSGERICHT DER STADT
PROBIEREN

Eine Stadt wie eine kulinarische Weltreise: Singapur ist so vielseitig und authentisch, dass sich an nur einem einzigen Tag das Gefühl einstellt, in mehreren verschiedenen Ländern gewesen zu sein! Es beginnt zwischen den kunterbunten Häuschen, die die Straßen von Little India säumen. Farben, Gerüche, Geräusche ... Alles ist hier unglaublich präsent. In der Nähe kleiner Restaurants und Garküchen riecht es nach würzigem *Chai*-Tee, nach cremigen Kokoscurrys und süßem Zuckergebäck. Mmmh, lecker!
Kampong Glam, oder auch Little Arabia, ist definitiv eines der zauberhaftesten Stadtviertel. Schon von Weitem sichtbar, leuchtet die goldene Kuppel der Sultan-Moschee in der Sonne. Die winzige Haji Lane mit ihren alternativen Läden, den hippen Cafés, Bars und Restaurants und der genialen Streetart wirkt besonders atmosphärisch. In Chinatown verkaufen alte Apotheken hinter knorrigen Verkaufstresen dubiose Pülverchen gegen alle erdenklichen Leiden. Hier stehen Tempel in leuchtendem Rot und glänzendem Gold, einer prachtvoller als der andere.
Zwischen all den Erkundungen knurrt dir der Magen und du probierst den traditionellen *Kaya Toast* mit *Kopi* und gesalzenen Eiern: zunächst gewöhnungsbedürftig, dann aber ziemlich gut! Auch für *Chili Crab*, das Nationalgericht Singapurs, reicht der Appetit noch. Eine Art Latz um den Hals schützt die Klamotten, denn die riesige Krabbe schwimmt in einem Topf voll Chilisoße. Bewaffnet mit einem Krabbenknacker versuchst du, die Kleckerei in Grenzen zu halten. Ein echter Genuss am Singapore River!

NACHERLEBEN
Bei Jumbo Seafood – das schönste Lokal der Restaurantkette findest du übrigens direkt am Singapore River – schmecken die Krabben angeblich am besten.
www.jumboseafood.com.sg

Singapur bezaubert mit einer der schönsten Skylines von ganz Asien (oben). *Chili Crab*: das Lieblingsgericht der Stadt (unten).

SINGAPUR

Stille im Großstadtdschungel finden

ORCHIDEENDUFT UND GEBETSMÜHLEN IM BUDDHA-TEMPEL

Der warme Regen prasselt auf das Dach des prunkvollen Tempels. Süßlicher Duft von Räucherstäbchen und Orchideen kitzelt in der Nase. Die Stille im kleinen Dachgarten des 2007 eröffneten Buddha-Tooth-Relic-Tempels, mitten im Herzen von Singapurs Chinatown, ist berauschend. Vom Lärm der Stadt bekommst du nichts mit. Bloß das schleifende Geräusch der Gebetsmühle, der helle Gong bei jeder vollen Drehung und der Regen sind zu hören. Nur wenige Menschen verirren sich auf die stille Dachterrasse mit dem botanischen Garten und der Pagode. Welch ein Glück!

NACHERLEBEN
Singapur ist eine Stadt der Kontraste. Sie ist per Direktflug von Deutschland aus zu erreichen, bietet sich aber auch perfekt als Stopover auf deinem Weg in ein anderes asiatisches Land an.
www.visitsingapore.com

Der Dachgarten des Buddha-Tooth-Relic-Tempels ist eine Oase der Ruhe.

SINGAPUR

Im berühmtesten *Infinity*-Pool der Welt planschen

EINE NACHT IM MARINA BAY SANDS HOTEL

Nachdem du die Tür zur Suite im 48. Stock geöffnet und die Schlüsselkarte eingesteckt hast, schiebt sich wie von Geisterhand ein Vorhang beiseite. Gleißendes Licht fällt durch die Panoramascheibe in den Raum, die einen gigantischen Ausblick offenbart. Die Suite ist so riesig, dass man darin Fußball spielen könnte, und zwar nicht allein, sondern mit einer ganzen Mannschaft. Doch das Zimmer spielt hier nicht die Hauptrolle. Es geht um den Pool, den berühmtesten Infinity-Pool der Welt, den wohl jeder von Bildern kennt. Nun bist du hier, im Fünf-Sterne-Hotel Marina Bay Sands, und der Pool wartet! Auf dem Dach des Hotels öffnet die Zimmerkarte den abgesperrten Bereich, der nur Hotelgästen vorbehalten ist. Schon das Durchqueren der Schranke fühlt sich elitär an! Palmen, Loungemusik, Liegestühle und Cocktails: die Dachterrasse gleicht einer tropischen Oase. Und da ist er: Der Pool aller Pools! Fast 150 Meter lang, 200 Meter über Singapur. Die Wasseroberfläche reicht bis an die äußerste Kante des Dachs und verschmilzt nahtlos mit der Skyline. Ob der Pool wohl überlaufen kann? Von hier sieht es jedenfalls so aus. Entspannt lässt du dir die Sonne auf den Bauch scheinen. Ab und zu, immer wenn es zu heiß wird, erfrischst du dich im kühlen Wasser. Vom Beckenrand reicht der Blick über die ganze Stadt. Der Ausblick ist atemberaubend, das Gefühl unbeschreiblich. Dieser Moment wird noch getoppt: Zum Sonnenuntergang bestellst du eine eisgekühlten Piña Colada, der in einer Kokosnuss serviert wird.

NACHERLEBEN
Der Zutritt zum Sky Park und dem dazugehörigen Infinity-Pool im 57. Stock des Marina Bay Sands ist ausschließlich den Hotelgästen vorbehalten.
www.marinabaysands.com

Zum Sonnenuntergang schmeckt die Piña Colada doppelt gut (oben). Einmal bis zur Kante schwimmen und den Blick nach unten wagen – für diesen Moment nehmen viele Menschen eine weite Reise auf sich (unten).

BALI

Spirituell wohnen auf Bali

INMITTEN GRÜNER REISFELDER
DIE EIGENE MITTE FINDEN

Mit dem leisen Klingeln eines goldenen Glöckchens fängt der Tag an. Voller Energie schwingst du dich aus den Federn, bereit für das morgendliche Yoga, während die Sonne schon mal deine Matte vorwärmt. Die ungewohnte Aufmerksamkeit, die du durch das tägliche Yoga, regelmäßiges Meditieren und das gesunde Essen deinem Körper schenkst und die atemberaubend schöne Natur Balis wirken unheimlich wohltuend. Warum hast du nur so lange gewartet mit deinem ersten Rückzug an einen so spirituellen Ort wie Bali? Die Auswahl an Retreats, Yoga- und Meditationskursen auf der Insel ist erstaunlich, manche sprechen sogar von einer regelrechten Community, die viele inspirierende Leute und Lehrer anzieht. Am Nachmittag steht ein Besuch bei Balis bekanntestem Schamanen auf dem Programm. Was er wohl sagen, welche Impulse er vielleicht für den Alltag geben wird? Du bist gespannt und dankbar und freust dich auf diese besondere Begegnung. Bei der abendlichen Meditation flattern auf einmal viele blaue Schmetterlinge durch die laue Luft, was für eine hübsche Ablenkung! Anstatt die Augen wieder zu schließen, beobachtest du den Sonnenuntergang: Wahnsinn, wie das sonst so intensive Grün der Reisfelder auf einmal in einem samtenen Goldton erstrahlt. Auch das hast du in den letzten Tagen gelernt: Sich der Vollkommenheit der Natur so richtig bewusst zu sein, ist auch eine Form der Meditation. Vielleicht sogar die schönste!

NACHERLEBEN
Die indonesische Insel Bali ist für eine spirituelle Auszeit, zum Beispiel in einem Retreat, wie geschaffen. Seit jeher herrscht auf Bali eine mit Worten schwer zu beschreibende, magische Energie.
www.indonesia.travel

Eine außergewöhnliche Energie ist auf der indonesischen Insel allgegenwärtig (oben). Traditionelle Zeremonie mit einem balinesischen Priester in einem der vielen Tempel Balis (unten).

BALI

Eine *Ayurveda-Kur* machen

DIE »WEISHEIT ÜBER DAS LEBEN« AM EIGENEN LEIB SPÜREN

Die Heilphilosophie Ayurveda hat ihre Ursprünge in Indien. Sie beschreibt Gesundheit als eine Kombination aus einem Körper in Balance, einem glücklichen Geist, einem klaren Verstand, scharfen und freien Sinnen und einer zufriedenen Seele. Der Begriff Ayurveda setzt sich aus zwei Worten zusammen: Ayur bedeutet »Leben« und Veda heißt »Wissen«. Bei Ayurveda handelt es sich also um das Wissen über das Leben. Die Ayurveda-Panchakarma-Kur beginnt mit einer Reinigungszeremonie, dem sogenannten *Purification ritual*. In einem heiligen Tempel Balis, den Quellen von Pura Tirta Empul, steigst du in das frische kalte Wasser, um dich spirituell zu reinigen und gedanklich nicht mehr Benötigtes loszulassen. Die Behandlungen während der Kur sind absolut göttlich: Im Treatment Center geht von jedem Raum aus der Blick in die Natur, während du eine vierhändige Synchronmassage bekommst, in einem Kräuterbad voller Moringa-Blätter entspannst oder in einer kleinen Dampfsauna sitzt. Vor der Behandlung sprechen alle Therapeuten ein Gebet: Sie bitten die Götter, bei der Behandlung mit dir zu sein! Nahezu jede ayurvedische Medizin besteht zu 100 Prozent aus pflanzlichen Stoffen. Die Heilpflanzen, aus denen viele der Medikamente, Pasten und Masken für die Anwendungen hergestellt werden, lernst du bei einem Spaziergang durch den malerisch angelegten Kräutergarten kennen. Am letzten Tag erwartet dich noch etwas ganz Besonderes: das *Letting-go-Ritual*. Auf einem Blöckchen hast du die letzten Tage über alle negativen Gedanken notiert, die dir während deiner Panchakarma-Kur durch den Kopf gegangen sind. Jetzt verbrennst du diese Zettel im Tempel des Hotels. Endlich kannst du loslassen.

NACHERLEBEN
Obwohl die meisten Ayurveda-Kuren traditionell in Indien oder Sri Lanka angeboten werden, ist Bali der perfekte Ort für eine Zeit der Reinigung und Einkehr.
www.oneworldayurveda.com

Puls messen (oben links). Opfergaben an die Götter Balis (oben rechts). Reinigung in heiligen Quellen (unten).

BALI

Dem *Sonnenaufgang* entgegenwandern

AUFSTIEG ZUM AKTIVEN VULKAN GUNUNG BATUR

Um 3.30 Uhr verkündet der Handywecker lärmend das Ende der Nacht, denn nach einer schnellen Stärkung mit Kaffee und Crackern geht das Abenteuer bereits gegen vier Uhr los: die Wanderung zum Gunung Batur. Etwa drei Stunden sind es bis zum Gipfel des 1717 Meter hohen Vulkans. Taschenlampen leuchten den Weg.
Anfangs führt er nur leicht bergauf, nach einer Weile wird der Anstieg jedoch steiler und anstrengender, die Luft kühlt merklich ab. Der schmale Pfad ist unbefestigt. Deine Kräfte lassen nach, doch der Guide gibt ein straffes Tempo vor: »Keine Zeit für Verschnaufpausen«, ruft er, »sonst schaffen wir es nicht, bei Sonnenaufgang oben zu sein.« Deine müden Füße kämpfen sich Schritt für Schritt den Berg hinauf.
Erschöpft erreichst du den Gipfel, die Beine zittern vor Anstrengung. Doch mit einem Mal ist alles vergessen, denn der einmalige Panoramablick in der frühen Morgendämmerung entschädigt für alle Strapazen. Am Horizont zeigt sich ein schmaler orange-roter Lichtstreifen. Nebel steigt aus dem Tal empor und die ersten Sonnenstrahlen kommen zum Vorschein. Die Dunkelheit der Nacht verschwindet und gibt den Blick auf eine paradiesische Landschaft frei.
Während du das Naturspektakel genießt, bereitet der Guide eine ganz besondere Mahlzeit vor. Es gibt Kaffee und weiche Brötchen mit warmer, im Vulkan gebackener Banane. Dazu Eier, ebenfalls in der heißen Lavaerde gekocht. Das Frühstück schmeckt zwar ein wenig schwefelig, aber zu 100 Prozent authentisch!

NACHERLEBEN
Ausgangspunkt für die Besteigung des Gunung Batur ist das Dorf Toya Bunkah, wo Übernachtungsmöglichkeiten, Restaurants und Guides bereitstehen.
www.balitourismboard.or.id

Ein extrem schmaler Pfad führt am Kraterrand entlang (oben). Mit dem ersten Licht der Sonne erwacht die paradiesische Landschaft zum Leben (unten).

INDONESIEN

Eine ursprüngliche *Insel* entdecken

LASS DICH VON
NUSA LEMBONGAN VERZAUBERN!

Dieser Ort übt eine magische Anziehungskraft auf dich aus: die kleine Insel Nusa Lembongan unweit von Bali. Von ihren schönen Stränden, dem ursprünglichen Inselleben und der traumhaften Natur schwärmt jeder, der schon einmal dort war. Vielleicht geht es da noch so zu wie auf Bali vor etlichen Jahren? Bevor all die Touristen auf die Insel kamen?

Der erste Eindruck: Alles ist absolut relaxed. Hier verläuft das ganze Leben zehn Takte langsamer als auf Bali. Auf Lembongan Island gibt es das im Überfluss, wonach man sonst oft vergeblich sucht: herrliche Ruhe. Wunderbar!

Viele Menschen Nusa Lembongans leben von Anbau, Ernte und Verkauf des quietschgrünen Seetangs. Du besuchst eine der Farmen, sprichst mit den Bauern über ihren Alltag und staunst über den zauberhaften Ausblick über die Seetang-Lagune. Später leihst du dir einen Scooter, einen Motorroller, und erkundest die atemberaubende Natur Nusa Lembongans auf eigene Faust. Die Insel ist gar nicht groß und innerhalb von etwa zwei Stunden komplett umrundet.

Ein nicht mehr ganz so ursprüngliches, aber trotzdem sehr lohnenswertes Ziel für einen Ausflug ist der Dreambeach. Nicht viele Strände auf der Welt bieten eine derart perfekte Kombination aus weißem Sand, türkisblauem Wasser und kantiger Kulisse! Und auch die schroffen Felsen von Devil's Tears befinden sich gleich um die Ecke. Gegen diese Steilküste brandet das tosende Meer mit ungeheurer Wucht. Was für ein beeindruckendes Schauspiel!

NACHERLEBEN
Eine Schnellfähre setzt von Bali nach Nusa Lembongan über. Auf der Insel angekommen, leihst du dir am besten einen Scooter und erkundest die Insel auf eigene Faust.
www.lemboganisland.com

Eingang zum Dream Beach (oben links). Die Seetang-Lagune (oben rechts). Der Seetang wird getrocknet (unten links). Tempel auf Lembongan (unten rechts).

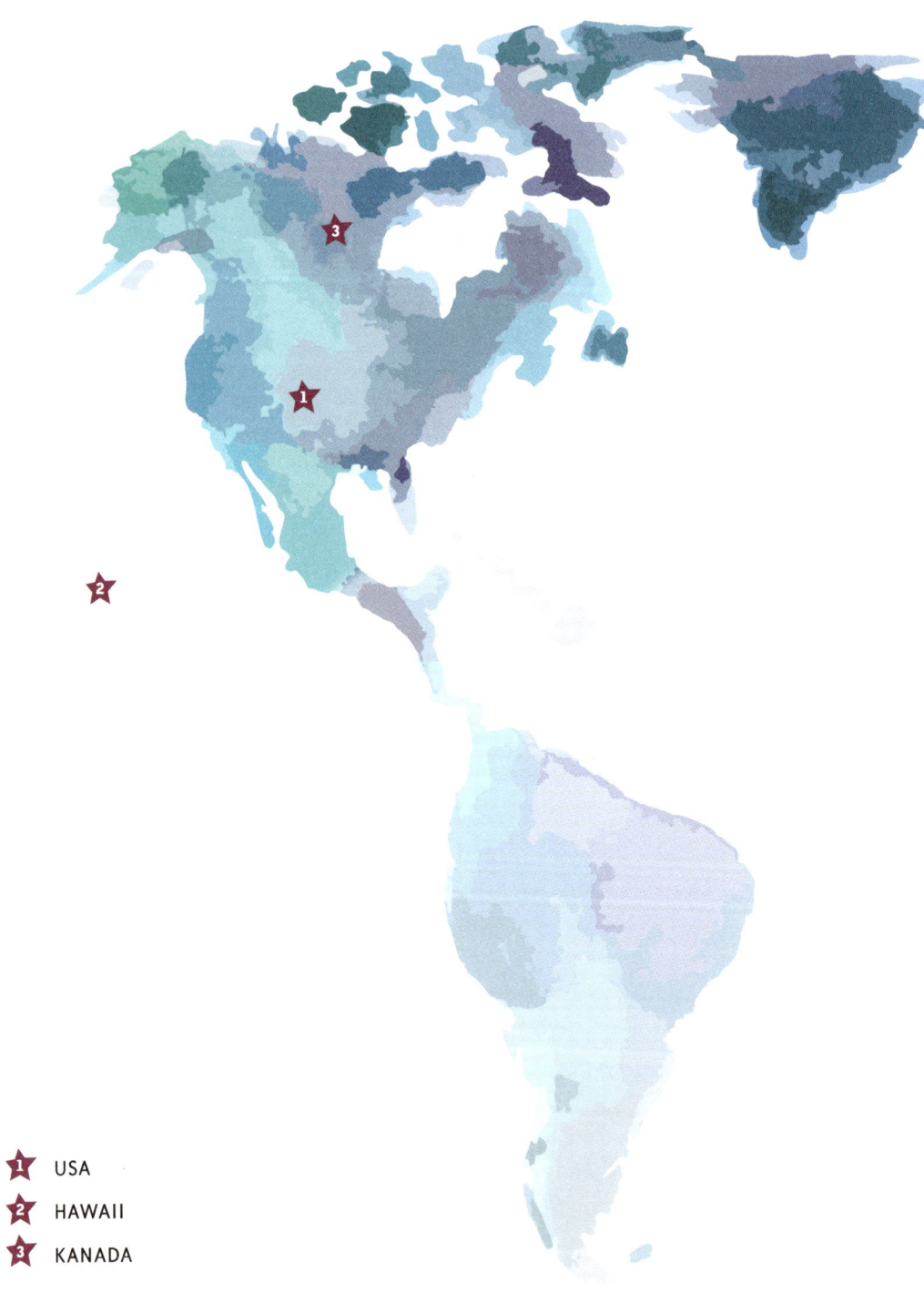

1 USA
2 HAWAII
3 KANADA

Nordamerika

USA

New York zu allen Jahreszeiten

RUND UMS JAHR IN
MANHATTAN

Ein zarter Blütenduft weht durch den Central Park. Es ist Frühling. New York erwacht zu neuem Leben. Die ersten Blumen sprießen aus der Erde, Vögel zwitschern, während du am Ufer des Reservoir-Sees entlang spazierst. In der Ferne ragen die Hochhäuser Manhattans einem stahlblauen Himmel entgegen.

Szenenwechsel. Ein knallheißer Julitag. Die Luft flimmert über dem Asphalt. Schon morgens fällt das Atmen schwer. Doch sobald die Sonne sinkt und die drückende Hitze sich aus den Straßenschluchten verzogen hat, versammeln sich die Menschen im Bryant Park zum HBO-Filmfestival. Sie liegen auf Decken, picknicken und schauen Klassiker, du mittendrin. Es wird gelacht und gefeiert.

Oktober. Der Central Park erstrahlt in den schönsten Herbstfarben. Gelbe, rote und orangefarbene Blätter fallen von den Bäumen. An beinahe jeder Straßenecke wird *Pumpkin Pie*, der berühmte Kürbiskuchen, verkauft. Die New Yorker freuen sich auf Thanksgiving, den bekanntesten amerikanischen Feiertag, der Ende November mit einer riesigen Parade gefeiert wird.

Winterzeit. Klirrende Kälte hat die Stadt fest im Griff. Dick eingepackt läufst du die Fifth Avenue entlang. Leise rieseln die ersten Schneeflocken vom Himmel, während der Weihnachtsbaum am Rockefeller Center in feierlicher Zeremonie aufgestellt wird. Es duftet nach gebrannten Mandeln, Lebkuchen und Mandarinen. New York leuchtet, Sinnlichkeit liegt in der Luft.

NACHERLEBEN
New York ist atemberaubend und aufregend, und es überrascht zu jeder Jahreszeiten mit völlig neuem Gesicht. Egal für welche Saison du dich entscheidest, der Besuch lohnt. *www.visittheusa.com/state/new-york*

Der lebhafte Times Square (oben links). New Yorks markante Skyline (oben rechts). Die Freiheitsstatue von New York (unten links). Weihnachtsbaum vor dem Rockefeller Center (unten rechts).

USA

Freiheit
fühlen auf dem Highway 1

LOSGELÖST VON STRESS UND EILE

Stundenlang könnte das so weitergehen: mit dem Auto durch Landschaften cruisen, den Pazifik im Blick, dabei die Lieblingssongs mitsingen und alle Sorgen vergessen. Mit jeder neuen Kurve verliebst du dich stärker in dieses Gefühl der Freiheit und in die raue und wunderschöne Landschaft Kaliforniens. Santa Cruz, Monterey und die zauberhafte Bixby Bridge: Ein Ort ist malerischer als der andere.
Der legendäre Highway 1, offiziell heißt er auch California State Route 1, verbindet die Metropolen San Francisco, wo der Roadtrip an der Golden Gate Bridge begann, und Los Angeles miteinander.

NACHERLEBEN
Allein für den Abschnitt des Highway 1 zwischen San Francisco und Los Angeles solltest du mindestens drei Tage einplanen, am besten sogar noch zwei oder drei mehr.
www.visitcalifornia.com

Die Golden Gate Bridge nach Einbruch der Dunkelheit.

USA

Die berühmtesten *Canyons* der Welt besuchen

FLUSSSCHLEIFEN, ABGRÜNDE UND
FANTASTISCHE AUSSICHTEN

Dieser Ausblick ist ein unbestrittener Höhepunkt, die vielleicht perfekteste Flussschleife, die sich auf diesem Planeten gebildet hat: Von der oberen Kante des atemberaubenden Horseshoe Bend in Arizona reicht der Blick über den Abgrund mit dem grünen Colorado River auf die in der Sonne rötlich leuchtenden Felsen, fantastisch!

Auch der nicht weit entfernt liegende Antelope Canyon fasziniert mit seinen verborgenen Schluchten. Unvorstellbar, was für eine grandiose Landschaft so unscheinbar unter der Felsendecke schlummert.

Dein absolutes Highlight aber ist der weltberühmte Grand Canyon. Schon bei dem ersten, vorsichtigen Blick über den Rim bekommst du eine Idee von der immensen Größe und Komplexität dieses besonderen Ortes. Allein der South Rim ist dermaßen gewaltig, dass in keiner Richtung ein Ende zu erahnen wäre. Nicht links, nicht rechts, nicht geradeaus. Oft nicht einmal nach unten, denn an vielen Stellen bleibt sogar der Colorado River unsichtbar. Es geht über verschiedene Plateaus und Abgründe einfach nur immer weiter nach unten.

Während des Abstiegs über die steilen Stufen des South Kaibab Trails bekommst du mit jedem Schritt faszinierende Einblicke in die Beschaffenheit dieses riesigen Labyrinths aus steilen Felsen und tiefen Schluchten. Schweiß rinnt dir über die Stirn und deine Beine zittern vor Anstrengung, doch das alles spielt keine Rolle: In Momenten wie diesen bist du einfach nur unglaublich dankbar, dass du ein solches Naturwunder mit eigenen Augen sehen darfst.

NACHERLEBEN
Die wohl berühmtesten Canyons der Welt im Bundesstaat Arizona erschließt man am bequemsten im Mietwagen oder Wohnmobil.
www.nps.gov/grca

Beeindruckende Farbschattierungen im Antelope Canyon (oben links) und im Grand Canyon (oben rechts). Die perfekt gerundete Flussschleife Horseshoe Bend (unten).

USA

Wo *Engel* landen

WANDERUNG ZUM WOHL SCHÖNSTEN GIPFEL IM ZION-NATIONALPARK

Der Gipfel liegt in greifbarer Nähe. Vorsichtig setzt du deinen Fuß auf den letzten großen Felsen, ziehst dich an der Eisenkette nach oben und bist angekommen auf dem Landeplatz der Engel! Fast 500 Meter weiter unten schlängelt sich der Virgin River durch die dichten Wälder des Zion-Nationalparks und glitzert in der Nachmittagssonne. In allen Himmelsrichtungen ragen markante Felsformationen wie der Cable Mountain, der Observation Point oder der Great White Throne auf. Stünde nicht der Abstieg bevor, könnte man Stunden auf dem 1765 Meter hohen Gipfel von Angels Landing verbringen!

NACHERLEBEN
Der Angels-Landing-Trail ist einer der meistbegangenen Wanderwege im Zion-Nationalpark. Den Viewpoint erschließt ein vier Kilometer langer Wanderweg. Infos beim Visitor Center:
www.nps.gov/zion

Die Aussicht vom Viewpoint des Angels-Landing-Trails ist atemberaubend.

USA

Durch die Rocky Mountains cruisen

UNTERWEGS AUF DER HÖCHSTGELEGENEN STRASSE DER USA

Der Himmel strahlt in seinem schönsten Blau. Weder Nebel noch Wolken versperren die Sicht auf die Berge. Aus dem Radio singt Johnny Cash »Walk the line«. Du drehst die Musik lauter und spürst dieses Roadtrip-Kribbeln im Bauch, das sich nach Abenteuer und grenzenloser Freiheit anfühlt. Die beeindruckende Bergwelt der Colorado Rockies baut sich hinter dichten Tannenwäldern auf, dazwischen windet sich die sogenannte Trail Ridge Road in zahllosen Kurven bergauf. Sie ist ein 77 Kilometer langer Streckenabschnitt des Highway 34 und gilt als höchstgelegene asphaltierte Straße der USA. Rund 18 Kilometer der Trail Ridge Road verlaufen oberhalb der Baumgrenze.

Mit jedem gewonnenen Höhenmeter werden die Umgebung und die Vegetation karger. Die dunkelgrünen Tannen und vom Frühherbst gelb gefärbten Laubbäume weichen einer alpinen Tundralandschaft. Über der Baumgrenze erstreckt sich eine kahle Bergsteppe. Die Kulisse wirkt dramatisch.

Auch an den niedrigen Temperaturen und der dünnen Luft ist die Höhe, 3713 Meter über dem Meeresspiegel, deutlich zu spüren. Immer wieder stoppst du den Mietwagen, steigst aus und lässt den Blick über die weite Landschaft schweifen. Auf einem Felsvorsprung machst du es dir bequem. Minutenlang sitzt du einfach nur da und genießt die Stille. Die Aussicht über den Rocky-Mountain-Nationalpark ist überwältigend.

NACHERLEBEN
Die Trail Ridge Road beginnt am Fall-River-Besucherzentrum in Estes Park und führt quer durch den Rocky-Mountain-Nationalpark in Colorado. Sie ist von Ende Mai bis Ende Oktober befahrbar.
www.rockymountainnationalpark.com

Weitblicke sind in den Rocky Mountains garantiert (oben). Die Trail Ridge Road ist ein anerkannter National Scenic Byway. Sie führt mitten durch den Rocky-Mountain-Nationalpark (unten).

HAWAII

Im *Helikopter* über Hawaii

FARBRAUSCH AUF O'AHU

Zögernd setzt du die Kopfhörer auf. »Ready for take off«, ertönt die Stimme des Piloten, bevor der Helikopter vom Boden abhebt und langsam an Höhe gewinnt. Das erste spektakuläre Bild ist Honolulu aus der Vogelperspektive: unzählige Wolkenkratzer vor einer atemberaubenden Berglandschaft, davor türkisfarbenes Meer, so intensiv leuchtend, dass es beinahe unrealistisch wirkt. Von Honolulu nimmt der Helikopter Kurs Richtung Ozean. Das Wasser ist so klar, dass die vorgelagerten Korallenriffe deutlich zu erkennen sind. Du traust deinen Augen kaum, als plötzlich ein Wal durchs Meer pflügt. Immer wieder taucht er auf und wieder ab. Der Pilot hat das gewaltige Tier auch entdeckt und lässt den Helikopter ein wenig tiefer sinken. Es ist unglaublich!

Dann kommt das nächste Highlight in Sicht, der 232 Meter hohe Diamond Head, das Wahrzeichen von O'ahu. Kurz später passiert der Hubschrauber die Hanauma Bay, eine azurblaue Bucht in einem erloschenen Vulkankrater. Durch ihre meerseitige Öffnung bietet sie zahlreichen Fischarten ein geschütztes Zuhause. Als du über den sattgrünen Regenwald von Ka'a'awa Valley fliegst, verschlägt es dir endgültig die Sprache, so faszinierend sehen die dramatisch steilen Berge und Schluchten von oben aus. Tosende Wasserfälle stürzen in die Tiefe. In der klaren Luft erscheinen die Farben der hawaiianischen Insel unglaublich kräftig. Du fliegst über Bananen- und Ananasplantagen hinweg und kannst dein Glück kaum fassen.

NACHERLEBEN
Zahlreiche Anbieter auf O'ahu (sowie auf allen anderen hawaiianischen Inseln) haben Helikopter-Rundflüge in unterschiedlicher Länge im Programm.
www.visit-usa.at/hawaii-oahu,
www.gohawaii.com/de/oahu

Wasserfälle, die du zu Fuß niemals erreichen könntest, stürzen vor deinen Augen in die Tiefe (oben links). Die azurblaue Hanauma Bay funkelt in der Sonne (oben rechts). Honolulus Skyline (unten).

KANADA

Über die 1000 Islands fliegen

GRENZÜBERSCHREITUNG
IM HELIKOPTER

Die USA-Einreise per Hubschrauber? Vermutlich eine sehr seltene Form der Annäherung an die Vereinigten Staaten! Freudig aufgeregt nimmst du auf dem Sitz neben dem Piloten Platz. Schon wenige Minuten, nachdem der Helikopter den Flugplatz im kanadischen Gananoque verlassen hat, rückt das türkisblaue Wasser des Sankt-Lorenz-Stroms in den Blick. Die traumhafte Inselwelt der 1000 Islands, die genau genommen aus 1864 Eilanden besteht, liegt dir zu Füßen. Die meisten Inseln sind winzig. Auf ihnen stehen kleine Holzhäuser und Fahnenmaste mit rot-weißen Ahornblatt-Flaggen. Motorboote flitzen umher und ziehen einen weißen Streifen durch das satte Blau von Kanadas längstem Strom, hier an seinem Ursprung im Ontario-See.

Der Pilot erklärt, dass einige der Inseln in Kanadas kleinstem Nationalpark in Privatbesitz sind, andere kann man per Boot besuchen. Die meisten gehören zu Kanada, die USA besitzen weniger Inseln, dafür aber die größeren. »Do you have your passport with you? We're now entering the US«, scherzt er und steuert den Helikopter in den US-amerikanischen Luftraum.

Auf dem Landweg führt die Thousand Islands International Bridge ins Inselreich. Sie verbindet beide Länder miteinander und ist nun durch die große Frontscheibe perfekt zu sehen. Ein weiteres Highlight des Rundflugs bildet Heart Island, die angeblich meistfotografierte der Inseln. Auf ihr steht das bezaubernde Boldt Castle, das mit seinen vielen Türmchen fast wie ein europäisches Schloss wirkt – kein Wunder, sein Bauherr kam aus Rügen.

NACHERLEBEN
Kouri's Kopters bietet verschiedene Hubschrauberrundflüge über die 1000 Islands an. Die Touren starten am Heliport in Gananoque, in der kanadischen Provinz Ontario.
www.kouriskopters.com

Im Helikopter geht es über den türkisfarbenen Sankt-Lorenz-Strom (oben). Das märchenhafte Boldt Castle auf der winzigen Heart Island (unten).

KANADA

Wilde *Bären* im Visier

ZU FUSS DURCH DEN ALGONQUIN PROVINCIAL PARK

Sanft gibt der weiche Waldboden unter den Wanderstiefeln nach. Die Luft ist angenehm warm und duftet nach Baumharz. Über Flüsschen, an moosbewachsenen Steinen und Baumstämmen vorbei, führt der Weg durch die idyllische Natur des Algonquin Provincial Parks, des ältesten Naturparks von Ontario. Immer wieder erblickst du winzige Eichhörnchen, die an Nüssen knabbern, bevor sie die Flucht ergreifen und sich in den Baumkronen verstecken.

Am höchsten Punkt des Trails angekommen, bietet sich von einem Felsplateau eine atemberaubende Aussicht. Der perfekte Spot für eine Rast! Bis zu 25 Kilometer weit reicht der Blick über die Wälder des Nationalparks. An manchen Stellen tragen die Laubbäume schon die Farben des Indian Summers und lassen erahnen, wie zauberhaft bunt es hier in ein paar Wochen aussehen wird.

Erschöpft und glücklich machst du dich auf den Weg zurück zu deiner Unterkunft, einer urigen Blockhütte. Für die Rückfahrt vom Parkplatz empfiehlt sich Schneckentempo auf dem Highway 60. In der Dämmerung zeigen sich die Tiere, so heißt es. Die Chance, einen Elch oder gar einen Bären zu sehen! Gespannt scannst du die Wälder am Straßenrand ab. Plötzlich kreuzt etwas Flauschiges die Fahrbahn. Zuerst erkennst du nur einen Schatten, dann besteht kein Zweifel mehr: Ein kleiner Schwarzbär hechtet über die Straße und kraxelt nur wenige Meter vom Auto entfernt eine Böschung hinauf. Er schnauft und prustet wie ein wildes Tier, dabei sieht er aus wie ein Teddy, den man am liebsten knuddeln möchte.

NACHERLEBEN
Im 7725 Quadratkilometer großen Algonquin Provincial Park in der Provinz Ontario führen 14 beschilderte Wanderwege durch die unberührte Natur.
www.algonquinpark.on.ca,
www.ontarioparks.com/park/algonquin

Das Highlight einer jeden Wanderung: die grandiosen Ausblicke auf den Algonquin Provincial Park (oben links). Ahornblatt (oben rechts). Vergleichsweise ungefährlicher Parkbewohner (unten).

Mittel- & Südamerika

MEXIKO

Ein versteinerter *Wasserfall*

NATURWUNDER IN MEXIKOS BERGEN

Beeindruckende Kathedralen mit goldgeschmückten Innenräumen wachen über schön angelegte Plätze. Beim Schlendern durch die Altstadtgassen von Oaxaca de Juárez und über die farbenfrohen Märkte wecken die lokalen Delikatessen dein Interesse. Im bergigen Umland von Oaxaca wartet zudem ein faszinierendes Naturschauspiel, die versteinerten Wasserfälle, Hierve el agua. Angenehm warmes Wasser, reich an Kalk und Mineralien, formte hier im Laufe vieler Jahre steinerne Becken oberhalb der Fälle. Aus diesen malerischen Badewannen bietet sich eine atemberaubende Aussicht auf die grünen Täler ringsherum.

NACHERLEBEN
Die versteinerten Wasserfälle erreicht man von Oaxaca aus am einfachsten im Mietwagen. Ein bis zwei Stunden dauert die zuweilen abenteuerliche Fahrt über holprige Schotterstraßen.
www.visitmexico.com

Tempelruine (oben links). Versteinerter Wasserfall (oben rechts und unten rechts). Oaxaca (unten links).

MEXIKO

Tacos in der Strandbar naschen

GLASKLARE CENOTEN, KÖSTLICHES ESSEN UND WEISSE STRÄNDE IN TULUM

Geradezu unverschämt gut schmecken diese Tacos im Beachrestaurant La Eufemia! Die mit den gebratenen Garnelen, dem saftigen Krautsalat und der fruchtig-scharfen Ananas-Chili-Soße passen ideal zum frisch gepressten Fruchtsaft. Du überlegst, ob du vielleicht gleich noch zur Abkühlung ins türkisleuchtende Meer hüpfen sollst, das in einladenden Wellen an den puderzucker-feinen Sandstrand plätschert. Das hier ist definitiv mexikanisches Lebensgefühl hoch drei, herrlich!

Außer wegen der schmackhaften Tacos kennt man das Karibikörtchen Tulum auch für seine glasklaren Cenoten. Manche davon sehen aus wie ganz normale Seen, eingebettet in dichte Mangrovenwälder. Andere wiederum liegen in geheimnisvoll anmutenden Felskesseln unter der Erde, und der Weg zum Wasser führt nur über Leitern und Treppen. Die Maya bezeichneten die Cenoten als Tore zur Unterwelt und verehrten sie als Heiligtümer. Das Schnorcheln und Schwimmen in diesen faszinierenden und absolut klaren Seen ist wirklich einmalig. Vielleicht entdeckst du sogar einige der süßen Schildkröten, die sich hier im eiskalten Süßwasser tummeln und kaum Scheu gegenüber den Menschen zeigen.

Weitgehend unbekannt ist der Nationalpark Sian Kaan in Tulum. Die seltenen Besucher fühlen sich an den einsamen Stränden und badewannenwarmen Lagunen wie Entdecker. Pass' nur auf die Krokodile auf, denn die würden dich wahrscheinlich selbst den köstlichen Tacos an der gar nicht so weit entfernten Beachbar vorziehen!

NACHERLEBEN
Tulum ist ein entspannter Ort auf der Halbinsel Yucatán. Wer ursprüngliche Natur, Traumstrände und gutes Essen liebt, ist hier richtig. Der Flughafen von Cancún liegt zwei Autostunden entfernt.
www.visitmexico.com

Beachbar am schneeweißen Strand von Tulum (oben links). Tacos mit gebratenen Garnelen und fruchtig-scharfer Ananas-Chili-Soße (oben rechts). Malerischer Cenote im Sian-Kaan-Nationalpark (unten).

BELIZE

Das Great Blue Hole *aus der Luft* bestaunen

IM FLUGZEUG ÜBER DEN PERFEKTEN ABGRUND

Die kleine bunte Cessna wird ordentlich durchgeschüttelt und allen Passagieren, die nur gelegentlich Kleinflugzeuge besteigen, ist etwas mulmig zumute. Normalerweise würde man sich jetzt Gedanken machen, aber seit vor ein paar Minuten das weltberühmte Great Blue Hole von Belize unter dem Flugzeug aufgetaucht ist, verdrängt dieser Anblick alle Bedenken. Was für ein Wunderwerk der Natur! Perfekt gerundet wie eine dunkelblaue, glänzende Perle liegt es im Meer, eingebettet in das Belize Barrier Reef, das zweitgrößte Riffsystem der Welt! Unablässig zieht der Pilot nun enge Kreise über dem wunderschönen Gebilde. Immer abwechselnd in beide Richtungen, sodass auch wirklich jeder der nur acht Passagiere in der Maschine das Blue Hole bestaunen kann. Rund 300 Meter misst es im Durchmesser und bis zu 125 Meter führen in seiner Mitte hinab in die unergründlichen Tiefen des Karibischen Meers. Das komplette Riff sieht von oben aus wie ein hübsches Aquarell, gezaubert von Künstlerhand in Hunderten von verschiedenen Blau- und Türkistönen.

Die vielen grünen Palminselchen, die wie glitzernde Smaragde im tiefblauen Meer liegen, laden dich später auch zum Erkunden mit Taucherbrille und Schnorchel ein. Unzählige faszinierende Meeresbewohner, darunter auch einige Haiarten, riesige Schildkröten und majestätische Mantas leben im Karibischen Meer. Und wie wäre es danach mit einem Barbecue auf einer dieser winzigen Robinson-Inseln? Hört sich perfekt an, oder?

NACHERLEBEN
In seiner ganzen Vollkommenheit erschließt sich das Great Blue Hole von Belize nur aus der Luft. Rundflüge mit dem Kleinflugzeug dauern etwa eine Stunde.
http://whc.unesco.org/en/list/764

Palminselchen im Riff (oben links). Das Great Blue Hole aus dem Fenster einer Cessna (oben rechts). Barbecue am Strand (unten links). Schnorcheln am zweitgrößten Riffsystem der Welt (unten rechts).

BELIZE

Sonnenuntergang am *Maya-Tempel*

LAUSCHE DEN BRÜLLAFFEN, WENN DER
DSCHUNGEL ZUM LEBEN ERWACHT!

Noch ein paar letzte Stufen, dann hast du es geschafft und stehst oben. Der Blick von den Maya-Ruinen von Lamanai auf den dichten umliegenden Dschungel ist atemberaubend. Hoch über den Baumwipfeln reicht die Sicht in alle Himmelsrichtungen bis zum Horizont und gefühlt noch viel weiter. Und das beste? Weit und breit ist nicht ein einziger Besucher zu sehen, was der gesamten Atmosphäre etwas absolut Besonderes verleiht.

Während die untergehende Sonne die mächtigen Baumwipfel und die einzelnen Tempelgebäude in ein warmes, goldfarbenes Licht taucht, erwachen die Wälder langsam zum Leben: Unzählige verschiedene Vögel stimmen nach und nach ihr allabendliches Konzert an. Die lauten, kehligen Rufe der Brüllaffen jagen dir einen Schauer nach dem anderen über den Rücken. Am liebsten würdest du diesen magischen Moment für immer in der Erinnerung abspeichern.

Ein wenig später machst du dich an den Abstieg und auf den Rückweg zur Bootsanlegestelle. In den Wäldern ist wieder Ruhe eingekehrt. Das fahle Dämmerlicht lässt den Dschungel, der direkt neben den schmalen Wegen beginnt, undurchdringlich erscheinen. Vorsichtig spähst du zwischen die dichten Büsche. Vor ein paar Stunden hat der Guide voller Begeisterung erzählt, dass in den Wäldern von Belize immer noch einige Jaguare leben. Eigentlich wäre es ein unglaubliches Glück, eine dieser seltenen Raubkatzen zu Gesicht zu bekommen. Nur vielleicht nicht gerade jetzt, allein zwischen den Tempelmauern von Lamanai …

NACHERLEBEN
Anders als zum Beispiel in Mexiko sind Belizes Maya-Tempel noch nicht so überlaufen, zudem bleiben die meisten Touristen nur über die Mittagsstunden in Lamanai. *www.travelbelize.org*

Die Ruinen von Lamanai im Abendlicht (oben links). Steile Abstiege am Tempel (oben rechts). Die Maya-Tempel in Belize sind noch ein Geheimtipp (unten links). Kunstwerke in Stein (unten rechts).

COSTA RICA

Die Magie des *Vulkans*

STIPPVISITE BEIM AKTIVEN VULKAN ARENAL

Schon beim Ankommen auf der Hauptstraße von La Fortuna, als sich der mächtige Vulkan Arenal im Licht der bald untergehenden Abendsonne majestätisch auftürmt, wird schlagartig klar, was für eine besondere Energie dieser Ort ausstrahlt. Noch ist die klare Luft warm vom sonnigen Tag. Sanftes Licht bricht sich genau an der Flanke des Vulkans und du bekommst vor Staunen den Mund nicht mehr zu: Der erste Blick auf den 1670 Meter hohen, perfekten Kegel des Arenal im Herzen Costa Ricas verzaubert dich. Jetzt zeigt er sich friedlich, aber er kann auch anders und glühende Lava und Gesteinsbrocken spucken – ein Kraftort in jeder Hinsicht.

NACHERLEBEN
Costa Rica selbst und auch La Fortuna am Fuße des Arenal lassen sich am besten und einfachsten mit dem Mietwagen erkunden.
www.arenal.net

Die vollkommene Silhouette des Vulkans Arenal.

COSTA RICA

La pura vida leben

REGGAEBEATS, SURFERVIBES UND TRAUMSTRÄNDE IN PUERTO VIEJO

Kokospalmen wiegen sich im Wind, kleine blau-weiße Boote schaukeln vor einer tropischen Traumkulisse im Karibischen Meer. In der Ferne leuchtet der sattgrüne Regenwald. Puerto Viejo de Limon wirkt geschäftig und zugleich einladend. Wer hier nicht in den Chill-Modus gerät, ist selber schuld.

La pura vida zu leben, das »reine Leben«, bedeutet, jeden Morgen zum Sonnenaufgang an den Strand zu laufen, sich am Amaretto-Duft der Mandelbäume zu erfreuen, in einer Hängematte zu liegen, frischen Mangosaft zu schlürfen und danach durch den Ort mit seinen pastellfarbenen Holzhäusern, Yoga-Studios und Reggae-Bars mit Sitzsäcken in Jamaika-Farben zu schlendern. Das internationale Feeling kommt nicht von ungefähr: Die 2000 Einwohner Puerto Viejos stammen aus 40 Ländern. So viel Entspanntheit motiviert zum Sport. Standest du schon mal auf dem Board? Puerto Viejo mit seinen lässigen Surfervibes ist der perfekte Ort, um es auszuprobieren!

Den perfekten Ausklang findet dein Tag an der Playa Chiquita oder an der Playa Cocles. Vielleicht hast du Glück und das junge Pärchen mit dem leuchtend gelben Fahrrad kommt vorbei und mixt dir einen Mojito – die Zutaten haben sie im Fahrradkörbchen. Der Duft der frischen Minze zusammen mit dem salzigen Aroma der Meeresluft zaubert die perfekte Stimmung für den Sonnenuntergang. Während du mit dem Drink in der Hand im Sand sitzt und die Sonne die schönsten Rosa- und Gelbtöne in den frühen Abendhimmel malt, kannst du es tief im Herzen spüren: *la pura vida*, das pure Leben.

NACHERLEBEN
Von San José, der Hauptstadt Costa Ricas, sind es im Mietwagen vier bis fünf Stunden bis Puerto Viejo de Limon; zumeist geht die Fahrt an Bananen- und Ananasplantagen vorbei.
www.visitcostarica.com

Auf einer Schaukel mit Blick aufs Meer lässt sich das Leben genießen (oben). Eine Surfstunde gefällig? In Puerto Viejo bietet sich die Chance (unten)!

BRITISH VIRGIN ISLANDS

Von *Insel zu Insel* segeln
ÜBER TIEFBLAUE GEWÄSSER ZU VERSTECKTEN BUCHTEN

Auf dem langen Flug konnte die Vorfreude auf die Segelwoche schon ordentlich Anlauf nehmen: An der Marina von Tortola wartet nun der Katamaran komplett bezugsfertig auf dich! Die Skipperin ist ebenfalls schon an Bord und nach ein paar Minuten Unterhaltung steht fest: Sie ist der wohl coolste Kapitän der ganzen Karibik.
Die erste Station der Reise gilt als legendär: Die Soggy Dollar Bar an der wunderschönen White Bay auf der kleinen Nachbarinsel Jost Van Dyke ist eine Institution. Der Besuch in der überall auf den Britischen Jungferninseln bekannten Bar darf auf gar keinen Fall fehlen. Die minikleine, unbewohnte Sandbank Sandy Spit kann als Inbegriff einer karibischen Robinson-Insel gelten. Nur ein paar Bäume und Sträucher wachsen auf dem Eiland, ringsherum gibt es weißen Sand und warmes, seichtes Wasser. Der Katamaran ankert in Schwimmnähe zur Insel und nur wenige andere Boote gesellen sich hinzu. Was für ein Feeling!
Das perfekte Andenken an die Inseln? British Virgin Islands Rum! Die Rum Distillery liegt versteckt im grünen Hinterland der Cane Garden Bay auf Tortola. Schon beim ersten Betreten des Gartens und auch anschließend in den alten Räumen mit den vielen staubigen Rumfässern und Glasgefäßen erwartest du geradezu, dass im nächsten Moment eine Horde wildgewordener Piraten die Zuckerrohrbrennerei stürmt.
Doch solche Zeiten sind längst vorbei und in deiner Kabine steht dem wohligen Schlaf beim beruhigenden Schaukeln der Wellen nichts im Wege: Genau so hast du dir Inselhopping in der Karibik vorgestellt!

NACHERLEBEN
Auf den British Virgin Islands präsentiert sich die Karibik ursprünglich und die Natur atemberaubend schön. Am besten lässt sich die Inselwelt im Katamaran erkunden.
www.bvitourism.de

Ankern vor der unbewohnten Sandbank Sandy Spit (oben links). Diese Telefonzelle ist eine Dusche (oben rechts). Erfrischung auf der Segeljacht (unten links). Strandidylle auf Tortola (unten rechts).

BRITISH VIRGIN ISLANDS

Fangfrischen Lobster kosten

ROMANTISCHES DINNER MIT DELIKATESSEN

Geografisch liegt das zauberhafte Anegada ein bisschen abseits vom Rest der Britischen Jungferninseln. Das Eiland ist komplett flach, die höchste Erhebung misst gerade mal knapp acht Meter über dem Meeresspiegel. Das Besondere hier? In der türkisgrünen Lagune werden seit Jahren die berühmten Anegada-Lobster gezüchtet. Ob sie wirklich die schmackhaftesten der ganzen Karibik sind, wie überall gemunkelt wird? Das lässt sich herausfinden!

Im jachteigenen Schlauchboot geht es am späten Nachmittag direkt zum Dock des Restaurants, wo ein wirklich zauberhaftes Setting wartet: Überall brennen Fackeln und Kerzen, Lichterketten verbreiten romantische Stimmung. Die liebevoll gedeckten Tische stehen direkt an der Lagune und du kannst beim Essen deine Zehen in den warmen Sand graben.

Die frisch gefangenen Lobster liegen fix und fertig in Alufolie verpackt auf den zu Grills umfunktionierten Ölfässern, in denen bereits seit Stunden Kohlen glühen und die Flammen züngeln. Schon beim Gedanken an das zarte Fleisch, verfeinert mit einem Hauch Knoblauchbutter und duftenden Gewürzen, läuft dir das Wasser im Mund zusammen.

Es dauert nicht lange bis die Lobster mit leckeren Beilagen serviert werden. Dieser Geschmack! An solchen Abenden wäre glatt ein größerer Magen wünschenswert … Selbst wenn sich nur schwer beurteilen lässt, ob es sich hier um die besten Lobster der ganzen Karibik handelt – dieser Abend hat jedenfalls gute Chancen, zu einem der besten des Jahres gekürt zu werden.

NACHERLEBEN
Beim Lobster-Dinner geht es casual zu: Wie sonst, wenn nicht barfuß, ließen sich die Zehen in den butterweichen Sand graben?
www.bvitourism.de/anegada

Pfad zum Strand (oben links). Die zu Grills umfunktionierten Ölfässer sind bereit für die Lobster (oben rechts). Das romantische Ambiente gehört zum Lobster-Dinner auf Anegada dazu (unten).

KUBA

Das Tal der Stille

RIESIGE KARSTFELSEN, FEINE ZIGARREN UND EIN AUSBLICK ZUM DAHINSCHMELZEN

Schon der erste Blick auf das sattgrüne Tal macht deutlich: Diese dramatische Kulisse aus Karstfelsen macht Eindruck! Das Viñalestal lässt sich einfach zu Fuß erkunden. Da du in einer privaten Casa bei Einheimischen übernachtest, begleitet einer der besten Guides von ganz Viñales die Wanderung: dein Gastgeber Juan. Auf dem Weg durch die märchenhafte Landschaft erzählt er dir alles zum Tabakanbau, wie die Blätter der Pflanzen zuerst geerntet, getrocknet und später zu Zigarren gerollt werden. Am faszinierendsten aber erscheint das Valle de Viñales von oben. Die Panoramablicke von den Aussichtspunkten suchen weltweit ihresgleichen.

NACHERLEBEN
Der Ort Viñales liegt ganz im Westen von Kuba. Von Havanna aus dauert die Fahrt zwei bis drei Stunden mit dem Mietwagen oder etwas länger mit den Bussen von Viazul.
www.viazul.com

Traumhafter Ausblick in das bis zu vier Kilometer breite Viñalestal im Westen Kubas.

KUBA

Dem *Charme* vergangener Zeiten erliegen

DER FASZINATION HAVANNAS
AUF DER SPUR

Die Reise in die Vergangenheit beginnt mittendrin im staubigen Havanna. Das kubanische Herz, wie die Stadt auch genannt wird, ist ganz bestimmt nicht schön im klassischen Sinne. Außer vielleicht auf den für die zahlreichen Touristen hübsch herausgeputzten Plätzen der historischen Altstadt, wie zum Beispiel die Plaza Vieja oder die Plaza de la Catedral. Meistens bedarf es eines zweiten Blicks, um Havannas manchmal etwas rauen Charme und seine eher versteckte Schönheit auch zu erkennen. Aber genau dafür bist du bereit.

Beim Schlendern durch die halbverfallenen Gassen fühlst du dich in eine vergessene Welt zurückversetzt. Stuckverzierte Gebäude ragen an beiden Seiten der Straßen empor – heute befinden sie sich in allen Stadien des Verfalls. Wie prunkvoll muss diese Stadt einst gewesen sein? Kunstvolle Streetart setzt hier und da farbliche Akzente und holt einen in die Realität zurück.

Der frühe Abend gehört dem Malecón. Du spürst die leicht salzige und zugleich erfrischend kühle Meeresluft auf der Zunge und beobachtest die Wellen, die mit einer unglaublichen Wucht unerbittlich gegen die Ufermauer aus massivem Stein krachen. Bei nahezu jeder neuen Welle schießt die Gischt mehrere Meter hoch und durchnässt jeden, der sich nicht rechtzeitig aus der Gefahrenzone rettet. Von einer geschützten Stelle aus betrachtet, sorgen das anbrandende Meer und die vielen bunten, vorbeifahrenden Oldtimer für eine wunderbare Stimmung – und er ist deutlich zu spüren, der einzigartige Charme des alten Havannas.

NACHERLEBEN
Die Casas Particulares ermöglichen die Übernachtung bei Einheimischen in der Altstadt. Dieser Teil Havannas ist nicht allzu groß und kann ganz einfach zu Fuß erkundet werden.
http://whc.unesco.org/en/list/204

Mit dem Oldtimer durch Havanna (oben links).
Nachmittags an der Uferstraße Malecón (oben rechts).
Charmanter Verfall in der Altstadt (unten).

KOLUMBIEN

Durch *Cartagena* treiben lassen

EIN TAG IN KOLUMBIENS KOLONIALPERLE

Afro-karibische Klänge erfüllen die Kopfsteinplaster-Gassen des Centro Historico, dem historischen Viertel von Cartagena de Indias. Die Stadt zählt zu den ältesten spanischen Kolonialsiedlungen Südamerikas. Den Wohlstand und die Schönheit verdankt sie unter anderem der Ausbeutung von Sklaven im 15. und 16. Jahrhundert. An jeder Ecke gibt es Wunderbares zu entdecken: schöne Kolonialbauten, prächtige Kathedralen, von Palmen gesäumte Plazas und knallbunte Hausfassaden mit blumengeschmückten Holzbalkonen.

In der Altstadt spielt sich das Leben im Freien ab. Alte Männer mit sonnengegerbter Haut schieben Lastkarren, randvoll beladen mit Zitrusfrüchten, durch die Fußgängerzone. Dunkelhäutige Palenqueras balancieren riesige Schalen, gefüllt mit Mangos, Papayas und Melonen, auf ihren Köpfen. Sie tragen wallende Kleider in schrillen Farben und lassen sich gegen einen Obolus gern fotografieren. Der Duft von *Arepas*, den kolumbianischen Maisfladen mit Käse, hängt in der Luft. Fliegende Händler bereiten die Speisen vor den Augen der hungrigen Kundschaft zu. Das Wasser läuft dir im Mund zusammen. Die Sonne brennt vom Himmel, als du es dir auf einer Bank bequem machst, das Fladenbrot genießt und das bunte Treiben beobachtest. Am Abend sitzt du im Café del Mar auf der Festungsmauer und blickst über das Karibische Meer. Mit dem Sinken der Sonne werden das Licht und die Temperaturen angenehmer. Gedankenverloren nippst du an einem Club-Colombia-Bier und versuchst, diesen Moment im Gedächtnis zu speichern.

NACHERLEBEN
Die relativ sichere Millionenstadt Cartagena de Indias zieht viele Besucher an. Sie lädt zu ausgedehnten Spaziergängen durch das historische Zentrum ein.
www.colombia.travel/de

Fotogene Türen findest du in Cartagena an jeder Ecke (oben links). Die Fassaden der Altstadt leuchten in bunten Farben (oben rechts). Die wunderschöne Iglesia de San Pedro Claver (unten).

BRASILIEN

Açaí am *Ipanema Beach* schlemmen

FEURIGE SAMBA-RHYTHMEN UND DIE PURE LEBENSFREUDE

Dieses Setting ist schwer zu toppen: unten der warme Sand, rechts die »Zwei Brüder«, die Dois Irmãos, wie die markanten Berge am westlichen Ende von Ipanema auch heißen – und das Ganze am wohl schönsten Beach von ganz Rio, wo das Strandleben herrlich verrückt brodelt. Eine Verkäuferin kommt vorbei und reicht einen Becher eiskalten Açaí mit einem Topping nach Wahl: entweder mit Granola, süßer Kondensmilch oder Erdnüssen. Schon nach dem ersten Löffel spürst du die fruchtige Süße der südamerikanischen Beeren auf der Zunge. Natürlich hat Rio de Janeiro viel mehr zu bieten als Sonne, Strand und Açaí. Die Aussicht vom 396 Meter hohen Pão de Açúcar, dem Zuckerhut, ist unglaublich beeindruckend, vor allem am späten Nachmittag, wenn sich die Stadt weit unten in ein funkelndes Lichtermeer verwandelt. Mit etwas Glück ziehen vielleicht schneeweiße Wölkchen wie Zuckerwatte über die Hügel Rios und sorgen für diese ganz besondere Atmosphäre. Ein paar Etagen darüber, in 710 Metern Höhe, wartet der Corcovado mit dem über die Stadt wachenden Cristo Redentor, der Christusstatue. Welcher Blick auf Rio dich wohl mehr begeistern wird?

Ein *must see* ist auch die Escadaria Selarón. Über 250 Mosaikstufen, hergestellt aus Tausenden von Fliesen aus der ganzen Welt, verbinden die Stadtteile Lapa und Santa Theresa miteinander. Beim Treppensteigen schmeckt ein leckerer Açaí-Smoothie! Nur wird dir dieser dann wahrscheinlich nicht mit ganz soviel Charme serviert wie von den Strandverkäufern am Ipanema Beach!

NACHERLEBEN
Gleich nach der weltberühmten Copacabana ist Ipanema der bekannteste Strand von Rio de Janeiro. Probiere den für Brasilien so typischen Açaí, ein Püree aus den gleichnamigen Beeren!
www.visitbrasil.com

Die kunterbunte Escadaria Selarón ist ein einzigartiges Kunstwerk und gehört bei einem Besuch in Rio de Janeiro zum Pflichtprogramm (oben). Açaí-Verkäuferin am quirligen Ipanema Beach (unten).

ARGENTINIEN/BRASILIEN

Abstecher zu den *Iguazu*-Wasserfällen
AUF HÖLZERNEN STEGEN
UNTERM REGENBOGEN GEHEN

Ob es auf der Welt einen anderen Ort gibt, an dem derart viele Regenbögen aufscheinen und wieder vergehen? Über, unter und sogar neben dir leuchten sie in allen Farbnuancen der Erde, fast schon zum Greifen nah. Bunt schillernde Schmetterlinge tanzen vorbei und einige der kleinen, emsigen Kolibris flattern durchs dampfende Grün des Dschungels.

Zugleich herrscht ohrenbetäubender Lärm: Schier unbegreifliche Mengen an Wasser donnern unentwegt über steilen Felsklippen in die Tiefe und der gewaltige Teufelsschlund spuckt seine Gischt weit in den Himmel. Holzpfade, wunderbar in die Natur integriert, leiten die Besucher durch den dichten Regenwald. An den unzähligen Aussichtspunkten warten hölzerne Bänke. Der Blick auf den unteren Fluss etwa ist einfach unbeschreiblich – und nur kleine braune Fellknäuel lenken dich vom erhabenen Panorama ab: Eine Handvoll Nasenbärenbabys tapst aus dem Gebüsch. Sie geben sich unbeeindruckt von den 20 großen und den über 250 kleineren Wasserfällen, die im Grenzgebiet von Brasilien und Argentinien hinabstürzen. Die größten erreichen eine Höhe von 82 Metern. Seit mehr als 30 Jahren stehen die Nationalparks und die Wasserfälle auf der UNESCO-Welterbeliste.

So puschelig die kleinen Nasenbären sind – ihre Eltern gelten als echte Plage. Also lieber den Aussichtsplatz räumen und Ausschau nach einer anderen einheimischen Tierart halten, die garantiert nicht bissig ist: dem farbenfrohen Tukan, der in den Wäldern von Iguazu lebt.

NACHERLEBEN
Die Iguazu-Fälle kannst du von Brasilien oder von Argentinien aus besuchen. Schönere Wege und den Teufelsschlund bietet die argentinische Seite, die bessere Panoramasicht das brasilianische Ufer. *www.iguazuargentina.com*

Knuffiges Nasenbärenbaby (oben links). Panoramasicht auf die Wasserfälle von der brasilianischen Seite aus (oben rechts). Sobald die Sonne scheint, schillern überall die Regenbögen (unten).

CHILE

Das *südlichste* Städtchen der Welt

EINDRÜCKE
VOM »TOR ZUR ANTARKTIS«

Ob das über die Maßen charmante Städtchen Puerto Williams nun wirklich der südlichste bewohnte Ort unserer Erde ist oder das nicht weit entfernte Ushuaia im Nachbarland, darüber werden sich Chilenen und Argentinier wohl noch bis in alle Ewigkeiten streiten. Dass dieses Dorf aber ganz bezaubernd ist, steht ohne jeden Zweifel fest! Beim Schlendern durch die staubigen Straßen wirst du vor allem eines finden: herrliche Ruhe und die Konzentration aufs Wesentliche. Ein bisschen scheint es, als sei Puerto Williams vom Rest der Welt vergessen und schlummere in einer längst vergangenen Zeit gemütlich vor sich hin.

NACHERLEBEN
In der Nähe von Puerto Williams steht auch der Leuchtturm von Kap Hoorn, die letzte bewohnte Station, die die Expeditionsschiffe auf ihrem Weg in die Antarktis passieren, *www.chile.travel/de/wohin/patagonien-und-antarktis*

Außer einem nahegelegenen Nationalpark, der vom Hafen aus bequem zu Fuß zu erreichen ist und der auf traumhaft schönen Wegen durch dichte Wälder und an der wilden Küste entlangführt, und abgesehen vom unaufgeregten Charme des Ortes selbst gibt es hier keine nennenswerten Sehenswürdigkeiten. Außer dem Bug der »Yelcho« vielleicht, dem Dampfschiff, mit dem Ernest Shackleton vor über 100 Jahren seine Männer vor dem sicheren Tod auf Elephant Island rettete.
Hier, am südlichsten Zipfel Chiles, dem »Tor zur Antarktis«, ist die Natur die unangefochtene Attraktion. Schroffe Bergmassive ragen hinter tiefblauen Gletscherlagunen auf und malerische Fjordlandschaften verzaubern die seltenen Besucher. Auch wenn du normalerweise eher die Wärme und die überbordende Fülle exotischer Länder liebst, wird die raue Einsamkeit dieses entlegenen Winkels auf ganz eigentümliche Weise dein Herz berühren.

Wegweiser am Ende der Zivilisation (oben links). Im verschlafenen Puerto Williams scheint die Zeit stillzustehen (oben rechts). Traumhaft schöne Landschaften an der Südspitze Chiles (unten).

JERUSALEN 13.652 Km.
SANTIAGO 2.406 K
PORTUGAL
RENT A BIKE
Abierto

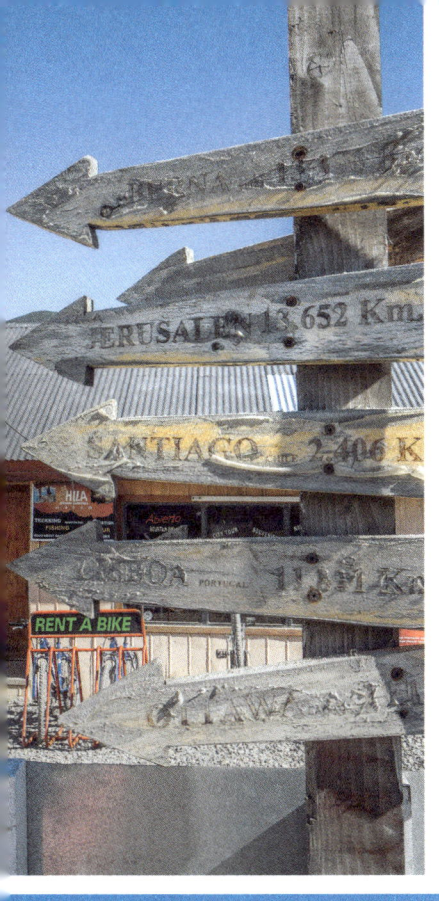

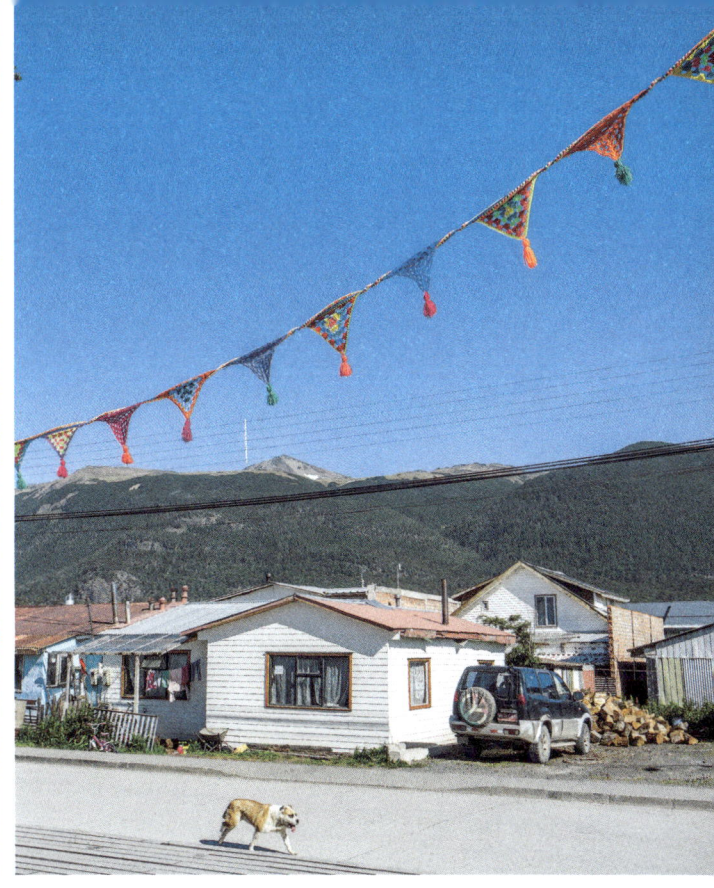

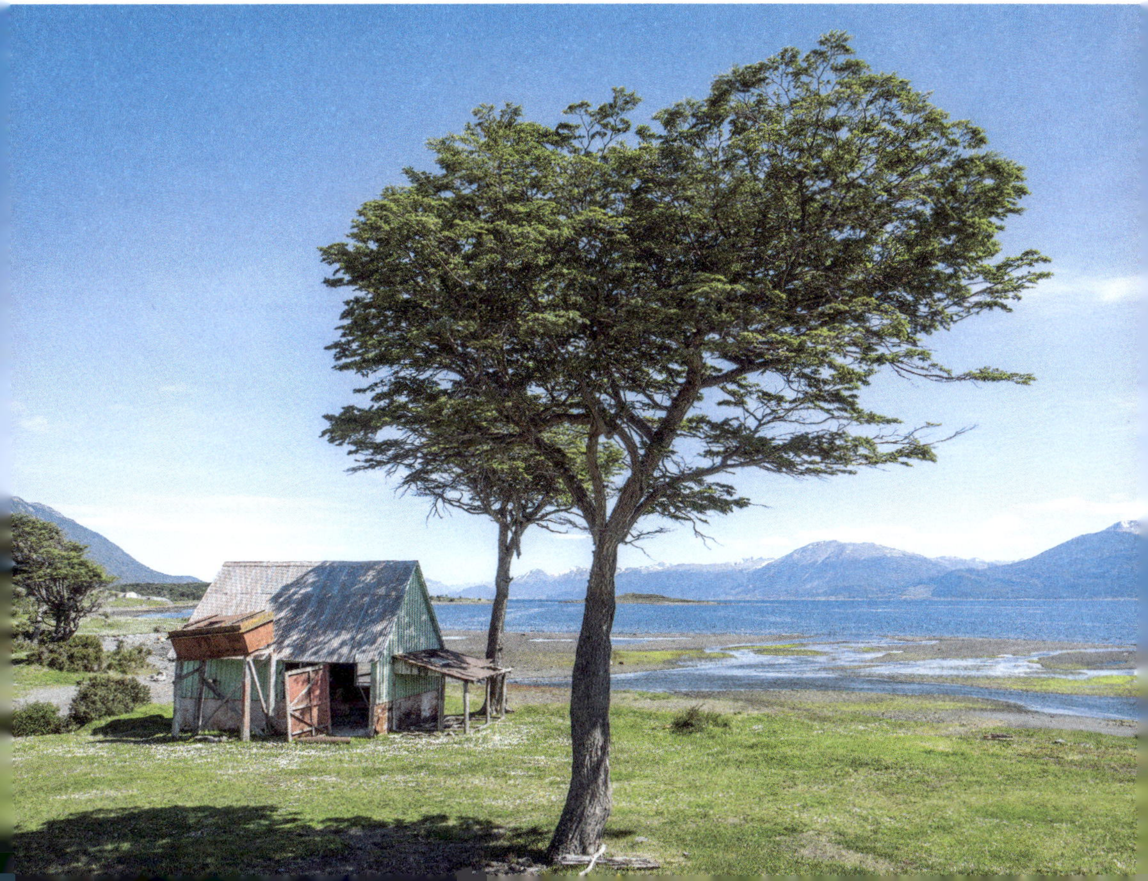

CHILE

Krachende *Gletscher* und glühende Berge

**BEWUNDERE DIE WILDE
SCHÖNHEIT FEUERLANDS!**

An großartigen Sinneseindrücken herrscht kein Mangel in den südlichen Fjordlandschaften Chiles; nicht an optischen und auch nicht an akustischen. Das eigentümliche Ploppen und Krachen zum Beispiel, wenn die überall im Wasser umherschwimmenden Eisschollen im Garibaldi-Fjord entweder gegen das Schlauchboot schlagen oder durch die vom Boot ausgelösten Wellen gegeneinander stoßen. Oder das Blasgeräusch der Wale, wenn du das Glück hast, eine ganze Familie dieser faszinierenden Tiere neben dem Schiff beobachten zu dürfen. Wunderschön sehen die Walfluken im Abendlicht aus – wusstest du, dass jedes Tier nur anhand seiner Zeichnung auf der Schwanzflosse identifiziert werden kann? Wirklich gewaltig klingt das Geräusch, wenn ein Gletscher wie der Garibaldi-Gletscher kalbt. Je nach Größe des abbrechenden Eisstücks kann es nur ein leises Knarzen sein, aber manchmal wächst es sich auch zu einem ohrenbetäubend lauten Krachen und Kreischen aus, das durch die einsame Stille Feuerlands schallt. Doch auch die Augen haben im südlichen Teil Chiles viel zu tun: Das Wasser in den Fjorden scheint mal fast schwarz zu sein, mal ist es kobaltblau und dann wieder fast unwirklich türkis. Direkt vor dem Gletscher hat es eine graue, milchige Färbung und wird deswegen auch Gletschermilch genannt. Je nach Lichteinstrahlung leuchtet der Gletscher tagsüber in allen Nuancen eines strahlend hellen Blaus, während die Berge am Abend, kurz nach Sonnenuntergang, in einem hellen Orange, Pink oder Rot erglühen. Gänsehaut ist hier also garantiert – und das nicht nur wegen der Kälte!

NACHERLEBEN
Am einfachsten lässt sich Feuerland vom Schiff aus erkunden, die meisten Touren starten von Punta Arenas aus. Ab Santiago de Chile, gehen regelmäßig Direktflüge nach Punta Arenas, www.chile.travel/de/wohin/patagonien-und-antarktis/tierra-del-fuego

Fahrt mit dem Zodiac zum beeindruckenden Garibaldi-Gletscher (oben). Mit etwas Glück kannst du in Feuerlands Fjorden Wale beobachten (unten).

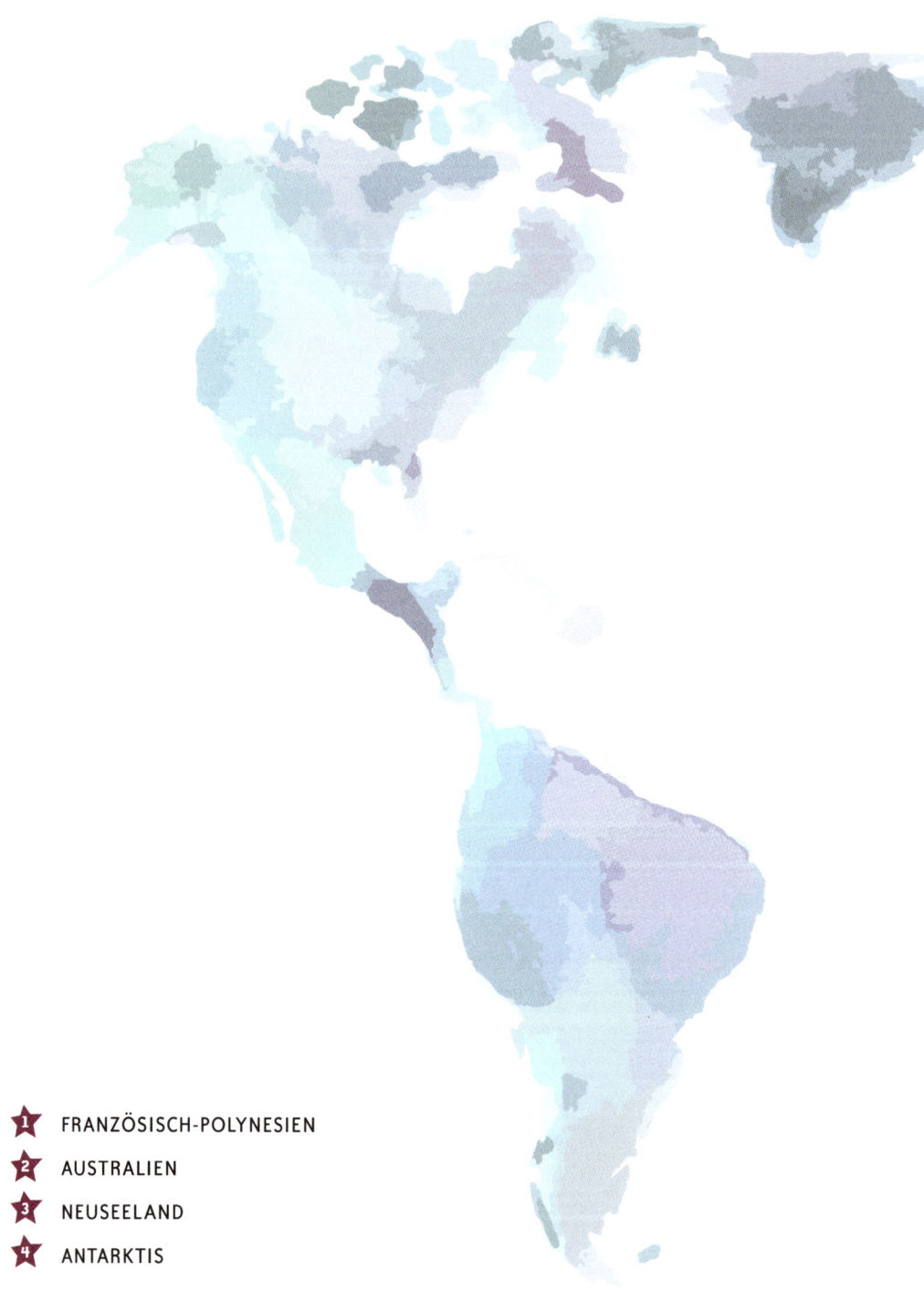

1 FRANZÖSISCH-POLYNESIEN
2 AUSTRALIEN
3 NEUSEELAND
4 ANTARKTIS

Australien & Ozeanien

FRANZÖSISCH-POLYNESIEN

Mit Haien
schwimmen

TAUCHGANG MIT THRILLFAKTOR

Ein Schaudern überläuft dich; du spürst, wie das Adrenalin durch deine Venen rauscht: Mehrere Hundert Haie sind es, die sich da am South Pass tummeln! Fast schon unwirklich sieht sie aus, die unter Tauchern weltberühmte *Shark Wall* von Fakarava. Wie in einem Film schwimmen die Grauen Riffhaie vor einem tiefblauen Hintergrund. Dass diese Haie echt sind, wird schnell klar: Immer wieder schert einer mit einer blitzschnellen Bewegung aus der Gruppe aus, um nach einem Fisch zu schnappen. Ein *Once-in-a-lifetime*-Erlebnis!

NACHERLEBEN
Fakarava gehört zu Französisch-Polynesien. Zum South Pass, auch Tamakohua Pass genannt, führen organisierte Tauchgänge für erfahrene Taucher. Wegen der starken Strömung und der Tiefe ist dieser Tauchplatz leider nicht für Anfänger geeignet, *www.tahititourisme.de/de-de/inseln/insel-von-fakarava*

Graue Riffhaie tummeln sich vor Fakarava.

AUSTRALIEN

Im Wasserflugzeug über *Whitsunday* Islands

PANORAMABLICK
AUFS PARADIES

Kaum hat die winzige Maschine vom Flugplatz in Airlie Beach abgehoben, taucht das atemberaubende Archipel am Flugzeugfenster auf: türkisfarbenes Wasser, strahlend weiße Sandbänke und üppig bewachsene Inseln, die in sattem Grün leuchten. Das Great Barrier Reef. Eines der spektakulärsten Naturwunder unserer Erde steht seit fast 40 Jahren auf der UNESCO-Welterbeliste und ist in seiner Einzigartigkeit gefährdet wie wenige andere Schutzgebiete weltweit.

Du kneifst dir in den Unterarm, um sicherzustellen, dass dies hier kein Traum ist. Zu unglaubwürdig erscheinen die Farben und Formen der bezaubernden Inselwelt. »This is the world famous Whitehaven Beach«, ruft der Pilot und deutet auf einen schmalen Küstenstreifen, der sich wie ein weißes Band durch die türkis-grüne Landschaft der Whitsunday Islands zieht.

Plötzlich verliert das Flugzeug an Höhe, und ehe du dich versiehst, landet es auf dem Wasser vor dem schneeweißen Sandstrand. Sein hoher Quarzgehalt sorgt für die fantastische Farbe und verhindert, dass sich die Sandkörner aufheizen. Du hüpfst aus der Maschine direkt ins kühle Nass. Welch eine Erfrischung! Zum krönenden Abschluss dieses Ausflugs spazierst du am menschenleeren Whitehaven Beach entlang, der zu den schönsten Stränden der Welt zählt und unter Naturschutz steht. Glückselig hörst du den weichen Puderzuckersand unter deinen nackten Füßen quietschen und wünschst dir, dass dieser Tag niemals endet.

NACHERLEBEN
Die Whitsunday Islands liegen vor der Ostküste Australiens und gehören zum Bundesland Queensland. Air Whitsunday bietet verschiedene Rundtouren per Wasserflugzeug an. www.airwhitsunday.com.au, www.tourismwhitsundays.com.au

Die Schönheit der Whitsunday Islands erschließt sich am besten aus dem Wasserflugzeug (oben). Der Sandstrand des Whitehaven Beach befindet sich an der Ostküste der Whitsunday Islands (unten).

AUSTRALIEN

Sternschnuppen zählen im Outback

ALLRAD-ABENTEUER
IM ROTEN HERZ AUSTRALIENS

Heiß fegt der Wind über die staubtrockene, rote Wüstenlandschaft im Northern Territory, dem kaum besiedelten Bundesstaat im Norden Australiens. Sengend brennt die Sonne vom Himmel. Das Thermometer zeigt 40 °C. Der Asphalt des Stuart Highways scheint zu dampfen. Weit und breit ist keine Menschenseele zu sehen, lediglich ein paar Kängurus kreuzen deinen Weg. Nach über 2000 zurückgelegten Kilometern erreichst du endlich das Ziel der Reise, den 550 Millionen Jahre alten Ayers Rock oder Uluru, wie ihn die Aborigines nennen. Magisch erhebt sich der orange-rote Sandsteinmonolith aus der trockenen Buschsteppe. Schon seit Jahrhunderten wird er von den Ureinwohnern verehrt. Für sie ist der Uluru in der zentralaustralischen Wüste ihr spirituelles Kraftzentrum. Je nach Wetter und Lichteinstrahlung ändert er seine Farbe von einem zarten Violett hin zu einem kräftigen Rot. Bei Sonnenuntergang scheint er von innen zu leuchten.

Sobald es dunkel geworden ist, schlägst du dein Nachtlager auf. Im Schlafsack eingerollt, liegst du auf dem Dach des Campers, mitten in der Wildnis, und starrst in den weiten Wüstenhimmel. Ohne die Lichtverschmutzung der Zivilisation reicht der Blick in jede Richtung kilometerweit und das Universum scheint wahrhaftig grenzenlos. Millionen von Sternen leuchten. Dir ist, als könntest du die Arme ausstrecken, um nach ihnen zu greifen. Da, eine Sternschnuppe! Schnell kneifst du die Augen zusammen und sprichst in Gedanken einen Herzenswunsch aus.

NACHERLEBEN
Ein Roadtrip von Darwin bis zum Ayers Rock führt dich einmal quer durchs Northern Territory, das rote Herz Australiens. Wo Campen erlaubt ist, steht unter
www.parksaustralia.gov.au

Die Farbe Rot bestimmt das Bild im Northern Territory (oben links). Spektakuläre Felswände im Kings Canyon (oben rechts). Obwohl es für zahlreiche Kilometer immer nur geradeaus geht, wird es auf dem Weg zum Ayers Rock nie langweilig (unten).

AUSTRALIEN

Über die *Great Ocean Road* rollen

IM CAMPERVAN
ZU DEN TWELVE APOSTLES

Der Motor des Campervans springt ohne Mühen an, was nicht ganz selbstverständlich ist, denn das alte Teil hat schon einige Jahre auf dem Buckel. Es kann losgehen! Der Roadtrip verspricht über 240 Kilometer grenzenlose Freiheit.

Durch quirlige Fischerörtchen hindurch, an goldgelben Sandstränden und steil abfallenden Klippen vorbei windet sich die legendäre Great Ocean Road, eine der schönsten Küstenstraßen der Welt. Sie führt von Torquay nach Allansford an der Südküste Australiens entlang. Hinter jeder Kurve öffnet sich ein atemberaubender Panoramablick auf das ungezähmte Meer, dessen riesige Wellen gegen die Küste peitschen. Immer wieder hältst du an, parkst deinen Van und lässt dich von dem verzaubern, was die Natur hier erschaffen hat.

Das große Highlight auf der Strecke sind die Twelve Apostles bei Port Campbell. Bis zu 45 Meter ragen die gigantischen Kalksteinfelsen aus dem tosenden Wasser. Vor Millionen von Jahren waren sie mit dem australischen Festland verbunden, doch mit der Zeit haben sie die gewaltigen Kräfte von Wind und Wasser abgetragen. Einige wurden sogar vollständig weggespült, sodass heute nur noch acht Säulen der Twelve Apostles übrig sind. Pünktlich zum Sonnenaufgang stehst du oberhalb der Traumkulisse und beobachtest das magische Lichtspiel des Himmels. Wie von Zauberhand werden die Felsen in Farbtöne getaucht, die von hellem Orange über Gelb bis Dunkelrot reichen. Dieser Anblick brennt sich tief in deine Erinnerung ein.

NACHERLEBEN
Der schönste Streckenabschnitt der Great Ocean Road liegt zwischen Lorne und Apollo Bay. Als absolutes Highlight gelten die Twelve Apostles bei Port Campbell. Drei Tage Zeit sollten mindestens für diesen Trip bleiben. www.australia.com/de-de/places/great-ocean-road.html

Meterhoch ragen die zerklüfteten Felsen der Twelve Apostles aus dem Meer (oben). Ausblicke wie diese machen die Great Ocean Road zu einer der schönsten Panoramastraßen der Welt (unten).

NEUSEELAND

Schafehüten in Neuseeland

VOLLER EINSATZ
AUF DER FARM

Um fünf Uhr in der Früh klingelt der Wecker. Ausschlafen ist ein Fremdwort auf der Farm in der Nähe von Dunedin auf der Südinsel Neuseelands. Noch vor Sonnenaufgang gibt es starken Kaffee und heißes Zimtporridge. Ab in die Gummistiefel und raus in die Kälte! Das Wetter ist grau, nebelig und ungemütlich. Auf dem Traktor fährst du mit dem Farmer und seinen vier Hütehunden zur Weide. 400 Schafe sollen heute eingetrieben werden.

Hinter einem Gatter geht es über matschigen Waldboden durch das weitläufige Gebiet, auf dem die Schafherde grast. Jetzt heißt es laufen, die Tiere zusammentreiben und darauf Acht geben, dass keines verloren geht! Die flinken Hütehunde arbeiten mit: Jeder übernimmt eine Seite, damit die Herde nicht auseinanderdriftet und einzelne Schafe die Flucht ergreifen. Kommt das doch einmal vor, sprintest du dem Tier hinterher, bergauf und bergab. Zum Glück bist du nach mehreren Wochen auf der Farm bereits gut in Form und gerätst nicht mehr so schnell außer Atem.

Im warmen Stall werden die Schafe dann geschoren, ein schwieriger Job, der viel Erfahrung voraussetzt. Als Farmhelfer packst du mit dabei an, die Wolle zu sortieren, die später verarbeitet wird. Lämmer darfst du mit der Milchflasche füttern. Abends versammelt sich deine Gastfamilie um den großen Esstisch. Es gibt Kartoffelauflauf, deftig und sättigend, genau das Richtige nach einem anstrengenden Tag im Freien. Um 20 Uhr liegst du in den Federn, die Knochen fühlen sich müde und schwer an. Du spürst, was du heute geleistet hast. Den Geruch von Schafen wirst du wohl nie mehr los.

NACHERLEBEN
Hinter dem Begriff WWOOF (World Wide Opportunities on Organic Farms) verbirgt sich die freiwillige Mithilfe auf einer Farm. Neben Kost und Logis erhält man Einblicke in die Arbeit auf ökologischen Höfen.
www.wwoof.nz

Kuschelige Enge in der Schafherde (oben links). Fantastische Ausblicke bei der Farmarbeit (oben rechts). Ländliche Idylle auf der Schaffarm (unten).

NEUSEELAND

Neuseelands schönste *Tagestour* bewältigen

DIE VULKANWANDERUNG
TONGARIRO ALPINE CROSSING

Mit dem Jackenärmel wischst du dir die Schweißperlen von der Stirn. Der Kopf glüht, die Oberschenkel brennen, die Waden sind schwer wie Blei. Seit 40 Minuten führen die scheinbar nie enden wollenden Treppenstufen bergauf, die Teil des Tongariro Alpine Crossings auf der Nordinsel Neuseelands sind. Nicht umsonst wird dieser Streckenabschnitt der 19,4 Kilometer langen Tageswanderung auch Devil's Staircase, die »Treppen des Teufels«, genannt. Schweißgebadet erreichst du das erste Etappenziel, die Emerald Lakes. Du packst deine Wasserflasche aus und nimmst einen ordentlichen Schluck. Deine Beine sind weich wie Wackelpudding, doch der Anblick entschädigt für einiges. Wie funkelnde Juwelen schmiegen sich die Kraterseen mit ihren schwefeligen Uferrändern in die Mondlandschaft. Dahinter ragen mächtige Vulkane in den Himmel. Rauchende Krater, Geröll und Gesteinsbrocken prägen das Bild. Es fällt dir schwer, dich loszureißen, den Rucksack aufzusetzen und weiterzuwandern, doch die Hälfte des Weges liegt noch vor dir.

Hinter jeder Kurve warten neue atemberaubende Ausblicke auf Vulkankrater und Lavafelder. Plötzlich wandelt sich die bizarre Umgebung in eine Tundralandschaft aus gelben Gräsern. Rauchschwaden steigen aus den Schloten, an deren Schwefelgeruch du dich bereits gewöhnt hast. In der Ferne glitzert das tiefblaue Wasser des Lake Taupo in der Sonne. Die letzten beiden Stunden geht es nur noch bergab. Durch dicht bewachsene Farnwälder schlängelt sich ein schmaler Pfad dem Ziel entgegen.

NACHERLEBEN
Der Tongariro Alpine Crossing gilt als eine der schönsten Tageswanderungen Neuseelands und ist ohne Guide zu schaffen. Am Ende des Weges fährt ein Shuttle zurück zum Startpunkt.
www.tongarirocrossing.org.nz

Das erste Etappenziel: die türkisfarbenen Emerald Lakes (oben). Gelbe Gräser und aufsteigende Rauchschwaden prägen das Landschaftsbild (unten).

NEUSEELAND

Sich frei *wie ein Vogel* fühlen

SKYDIVE ÜBER
DEM LAKE WANAKA

Adrenalin schießt durch deinen Körper. Dein Puls schlägt bis zum Hals. Alles kribbelt. Plötzlich öffnet sich die Luke des kleinen Flugzeugs. Nervös sitzt du auf der äußersten Kante, die Beine flattern bereits in der Luft, 3600 Meter über dem Erdboden! Du wagst kaum, nach unten zu sehen. Hilflose Fragen kreisen in deinem Kopf, eine kleine Panikwelle breitet sich aus, doch zum Kneifen ist es jetzt zu spät. Dein Tandem-Master gibt dir ein Signal, dann geht es los.

Rundum Wolken, sonst nichts. Dein Herz pocht wie wild, während du in freiem Fall auf die Erde zurast. Die Geräusche um dich herum verstummen … und plötzlich ist die Angst wie weggeblasen. Du schreist und lachst und weißt nicht so recht, wie dir geschieht. Es ist ein unbeschreibliches Gefühl, das den gesamten Körper durchströmt. Du breitest die Hände aus und fällst, nein, du fliegst und fühlst dich frei wie ein Vogel.

Dann öffnet sich der Fallschirm. Erleichterung. Die Geschwindigkeit wird abrupt gebremst. Nun gleitet euer Tandem langsam Richtung Boden und es bleibt genügend Zeit, um die malerische Landschaft zu bewundern. Da einen leuchtend blauen Fluss, der sich kilometerweit durch grüne und gelbe Felder schlängelt, dort den Lake Wanaka, an dessen Ufern du gestern noch wandern warst, sowie die atemberaubende Bergwelt, die den See umschließt. Als du wieder festen Boden unter den Füßen hast, mischt sich in ein kleines Gefühl der Erleichterung die unbändige Lust, gleich noch einmal zu springen.

NACHERLEBEN
Auf Neuseelands Südinsel bietet Skydive Wanaka verschiedene Tandemsprünge aus bis zu 4500 Meter Höhe an,
www.skydivewanaka.com,
www.lakewanaka.co.nz

Beim freien Fall kribbelt es im ganzen Körper (oben). Schon der Blick aus dem Flugzeug genügt, dass einem die Knie weich werden (unten).

ANTARKTIS

Im Zeichen von *Feuer und Eis*

SPAZIERGANG
ÜBER DECEPTION ISLAND

Das Wasser des Kratersees leuchtet im hellen Licht der antarktischen Frühlingssonne in einem fast unwirklichen Türkisgrün. Das tiefblaue Meer und die schneebedeckten Gipfel der umliegenden Berge rahmen den See ein. Von hier oben aus gleicht die gesamte Landschaft dieser Insel, die unberührt vom Rest der Welt im Eis der Antarktis schlummert, einem kunstvollen Gemälde – eine strahlende Schönheit, die sich selbst genügt.

Nahezu vollkommen still ist es ringsum. Du stehst am Rand des Vulkankraters und lässt den Blick über die Berge und Täler von Deception Island schweifen. Du spürst, wie du ganz ruhig wirst. Nichts von dieser geschäftigen Welt da draußen scheint hier, im Angesicht der atemberaubend schönen Natur, mehr Geltung zu haben.

Der Himmel ist genauso knallblau wie das Meer, verziert nur mit ein paar schneeweißen Wattebauschwölkchen. Ideales Wetter für einen Spaziergang um den wunderschön geformten Krater mit dem türkisblauen See in seiner Mitte. Auf etwa halber Höhe entdeckst du, dass es noch ein paar mehr Seen von seiner Sorte gibt, die sich in anderen, noch kleineren Kratern verbergen.

An einer beeindruckenden Steilwand steigt auf einer Länge von 50 Metern unentwegt heißer Dampf aus dem brüchigen Vulkangestein auf. Ein untrügliches Zeichen für die hohe vulkanische Aktivität. Die Luft direkt über dem Boden flimmert durch die aufsteigende Hitze. Feuer und Eis – fantastisch vereint!

NACHERLEBEN
Deception Island besteht aus einem aktiven Vulkan, dessen riesiger Krater fast bis ganz oben hin mit Meerwasser geflutet ist. Nach Deception Island und zu anderen Orten der Antarktis fahren Expeditionsschiffe.
www.deceptionisland.aq

Türkise Kraterseen und das tiefblaue Eismeer gleich dahinter (oben). Auf dem riesigen Vulkankrater von Deception Island kannst du einen faszinierenden Spaziergang unternehmen (unten).

ANTARKTIS

Bei den *Pinguinen*

EINSAME WEITEN
AM EISKALTEN ENDE DER WELT

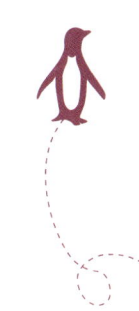

nahezu perfekt spiegeln sich die schroffen Bergketten von Cuverville Island in der Oberfläche des Eismeeres. Das Schlauchboot pflügt durch dieses Wunderland aus Schnee und Eis. Blau, weiß, grau … viel mehr Farben scheint es heute und hier nicht zu geben, außer man zählt die schwarzen Fräcke der Pinguine dazu. Beobachtest du die Pinguine nur an Land, wie sie tollpatschig und schwerfällig umherwatscheln und dabei oft über ihre eigenen Füße stolpern, du würdest nie ahnen, wie behende sich diese Tiere unter Wasser bewegen. Direkt neben dem Boot springen sie wie kleine Delfine aus dem Wasser!

NACHERLEBEN
Wer die Pinguine in ihrem natürlichen Lebensraum sehen möchte, muss ein Expeditionsschiff besteigen, das entweder von Punta Arenas in Chile oder Ushuaia in Argentinien Richtung Antarktis startet.
www.discoveringantarctica.org.uk

Begegnungen mit Pinguinen sind in der Antarktis garantiert.

Die glitzernde Skyline Singapurs bei Nacht.

TEXT- UND BILDNACHWEIS:

Melanie Schillinger: S. 10-11, 14-15, 20-23, 28-29, 46-47, 56-57, 60-63, 68-71, 74-89, 96-97, 112-113, 118-121, 126-131, 136-139, 142-145, 148-159, 170-179, 182-189, 192-203, 216-219, Umschlagrückseite.

Julia Lassner: S. 12-13, 16-19, 24-27, 30-45, 48-55, 58-59, 64-65, 72-73, 90-95, 98-111, 114-117, 123-125, 132-135, 140-141, 146-147, 160-167, 180-181, 190-191, 204-214, Umschlagvorderseite.

Außer: Übersichtskarte je Kontinent: Fotolia/artinspiring; Bild S. 22: Shutterstock/Jamen Percy; S. 27: Shutterstock/Semmick Photo; S. 202: Shutterstock/Tomas Kotouc

Wir danken
folgenden Partnern für ihre Unterstützung:

Treehotel Schweden, andBeyond Phinda, Visit Singapore, Oneworld Ayurveda Bali, BVI Tourism, Rovos Rail South Africa, Schweiz Tourismus, Österreich Werbung, A-Rosa Kreuzfahrten und Royal Carribean

MELANIE SCHILLINGER hat mit 30 Jahren ihren festen Job an den Nagel gehängt, die meisten ihrer Sachen verschenkt oder verkauft, und von dem Geld das erste Oneway-Ticket ihres Lebens gebucht. Seitdem verwirklicht sie ihre Träume und reist um die Welt. Der anfängliche Schreck bei ihren Eltern und Freunden war groß. Mittlerweile können sie aber von ihren Erzählungen nicht genug bekommen, so viel hat sie in den letzten Jahren in knapp 70 Ländern auf sieben Kontinenten erlebt.

Nachdem sie Ihre Ausbildung bei einem Zeitungsverlag in ihrer Heimatstadt Mayen abgeschlossen hatte, zog es JULIA LASSNER in die weite Welt hinaus. Sie studierte Media- und Entertainment Management in den Niederlanden, Indonesien sowie in Thailand. Anschließend arbeitete sie mehrere Jahre lang auf Kreuzfahrtschiffen und lernte dabei nicht nur die Weltmeere kennen, sondern auch große Teile Europas und Arabiens lieben. Sie verbrachte einige Monate in Australien und Neuseeland. 2014 gründete sie ihr eigenes Unternehmen und ist seitdem als Reisebloggerin in der Welt unterwegs.

IMPRESSUM

Verantwortlich: Marianne Huber
Redaktion: Britta Mentzel
Korrektorat: Anne Köhler
Layout und Satz: Ileana Soana
Repro: LUDWIG: media
Umschlaggestaltung: Vero Holubovsky
Herstellung: Bettina Schippel, Alexander Knoll
Printed in Slovenia by Florjancic Tisk

*Sind Sie mit diesem Titel zufrieden?
Dann würden wir uns über
Ihre Weiterempfehlung freuen.*

Erzählen Sie es im Freundeskreis, berichten Sie Ihrem Buchhändler, oder bewerten Sie beim Onlinekauf.
Und wenn Sie Kritik, Korrekturen, Aktualisierungen haben, freuen wir uns über Ihre Nachricht an Bruckmann Verlag, Postfach 40 02 09,
D-80702 München oder per E-Mail an lektorat@verlagshaus.de.

Unser komplettes Programm finden Sie unter

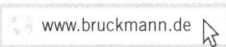

Alle Angaben dieses Werkes wurden von den Autorinnen sorgfältig recherchiert und auf den neuesten Stand gebracht sowie vom Verlag geprüft. Für die Richtigkeit der Angaben kann jedoch keine Haftung übernommen werden. Sollte dieses Werk Links auf Webseiten Dritter enthalten, so machen wir uns die Inhalte nicht zu eigen und übernehmen für die Inhalte keine Haftung.

Text- und Bildnachweis: Siehe S. 222
Umschlagvorderseite: Blick vom Tafelberg auf Kapstadt
Umschlagrückseite (v.o.n.u.): links: Manhattan vom Central Park aus; Elefantenjunges in Kenia; Escadaria Selarón in Rio de Janeiro; Auf dem Weg zum Ayers Rock; rechts: Graffitikunst von Lina Arias (Instagram: @linaarias_art) in San Nicolas auf der Karibikinsel Aruba; Grand Canyon; Schnorcheln in Belize. S. 1: Bananensplit-Eiscreme auf Santorini; 2/3: Die Goldene Stunde in den Gewässern vor Santorini; 220/221: Jordanien/ Wadi Rum.

Die Deutsche Nationalbibliothek verzeichnet diese Publikation in der Deutschen Nationalbibliografie;
detaillierte bibliografische Daten sind im Internet über http://dnb.d-nb.de abrufbar.

© 2018 Bruckmann Verlag GmbH, München
ISBN 978-3-7343-1083-6

Ebenfalls erhältlich …

ISBN 978-3-7343-1149-9

ISBN 978-3-7343-1245-8

ISBN 978-3-7343-0915-1